AF346592

STYLE

SUIVANT

LE CODE DE PROCÉDURE

CIVILE.

Se trouve A DIJON,

Chez
- CARION, Imprimeur, rue de la Liberté ;
- Edme BIDAUT, Libraire, place Impériale ;
- COQUET, Libraire, place Saint-Jean ;
- la veuve MARIN, sous le portique du Palais Impérial ;

Et A PARIS,

Chez MIGNERET, Imprimeur, rue du Sépulcre, n°. 20, faubourg St.-Germain.

STYLE

SUIVANT LE CODE

DE PROCÉDURE CIVILE,

AVEC DES NOTES, DES FORMULES D'ACTES, DE PROCÈS-VERBAUX ET CONCLUSIONS ;

Par M. ANDRÉ LOMBARD, ancien Avocat au Barreau de Dijon.

Cet Ouvrage utile à tous ceux qui se destinent à remplir les fonctions d'*Avocat*, d'*Avoué*, ou d'*Officier ministériel*, forme deux volumes in-8°. Prix, 10 fr. 50 cent. brochés, et 11 fr. franc de port.

TOME Ier.

A DIJON,

De l'Imprimerie de CARION, rue de la Liberté, n°. 895.

1806.

PRÉFACE.

A L'EXEMPLE des Commentateurs sur nos anciennes Ordonnances, je mets à la tête de ce Style une préface; elle sera courte.

Pour bien entendre une loi, il ne suffit pas de se classer dans la mémoire les termes dans lesquels elle est conçue, il faut en pénétrer le sens, il faut être en état d'en faire une juste application; et il n'est pas possible d'y parvenir sans en avoir fait une étude-pratique.

Nos anciens Magistrats donnaient à l'étude des Ordonnances la plus sérieuse et la plus scrupuleuse attention; ils ne dédaignaient pas de consulter dans l'occasion les Notaires, les Procureurs et les Officiers ministériels qu'ils connaissaient pour les mieux versés dans les actes les plus importans de la procédure.

Très-peu de temps avant la révolution, on a vu dans les principales Etudes des Pro-

cureurs de la Capitale , des jeunes-gens à la
tête de ces Etudes , en surveiller les différens
travaux , et après cette espèce de Stage ,
occuper les premières places des Tribunaux
de la seconde classe , avec distinction.

Un autre moyen de se rendre facile et fruc-
tueuse l'étude-pratique de la procédure judiciaire , est de former entre les jeunes-gens
studieux , des assemblées ou espèces d'Aca-
démies , dans lesquelles les membres qui les
composent exercent cumulativement et successivement les différentes fonctions de Juges,
Avocats, Avoués , Greffiers et Officiers ministériels : si j'ai acquis quelqu'expérience
dans l'étude-*pratique* de la procédure , je
le dois aux conférences qui s'étaient établies
dans les premiers momens de l'entrée au
Palais de quelques-uns de mes confrères ,
dans lesquelles conférences , l'Ordonnance
de 1667 était mise en pratique avec la plus
scrupuleuse attention (1).

______

(1) M. MILLOT , sous-doyen des Avocats de cette

J'ai recueilli avec soin et exactitude les observations des commentateurs les plus accrédités sur l'Ordonnance de 1667 ; j'ai rappelé quelques décisions de la Cour de cassation qui règlent invariablement les formalités prescrites par le code judiciaire , et sur lesquelles il aurait pu s'élever des doutes dans la suite.

J'ai tracé les formules de différens actes , et j'ai fait mon possible pour que la rédaction fût claire et succincte.

Je serai infiniment flatté si le public agrée favorablement un ouvrage destiné à rendre

***

ville , qui , malgré une maladie grave , conserve toute la force de sa mémoire, toute la force et la vivacité de la discussion dans les affaires les plus ardues , était à la tête de ces conférences ; il se multipliait en quelque sorte pour aider les autres collaborateurs ; et j'ai ouï, plusieurs fois, avec satisfaction , rappeler par quelques-uns de nos associés, les avantages qu'ils avaient retirés de ces conférences.

plus facile l'étude de ce code , que pourront faire les jeunes-gens qui se destinent au Barreau.

TABLE

DES TITRES

Contenus dans le premier Volume du
Style de procédure suivant le Code Judiciaire.

PREMIÈRE PARTIE.

PROCÉDURE DEVANT LES TRIBUNAUX.

LIVRE PREMIER.

DE LA JUSTICE DE PAIX.

LIVRE SECOND.

DES TRIBUNAUX INFÉRIEURS.

LIVRE TROISIÈME.

DES TRIBUNAUX D'APPEL.

LIVRE QUATRIÈME.

DES VOIES EXTRAORDINAIRES POUR ATTAQUER LES JUGEMENS.

Fin de la Table du Tome premier.

STYLE
SUIVANT LE CODE
DE PROCÉDURE CIVILE.

PREMIÈRE PARTIE.

PROCÉDURE DEVANT LES TRIBUNAUX.

LIVRE PREMIER.

DE LA JUSTICE DE PAIX.

TITRE PREMIER.

DES CITATIONS.

DÉFINITION. -- *Ajournement* et *Citation* sont, suivant Mᶜ. BOUTARIC, deux expressions synonimes. L'*Ajournement* ou *Citation* que nous appelons communément Assignation, est un acte ou exploit fait par un huissier, par lequel on somme quelqu'un de comparoir à jour certain, devant un juge pour se voir condamner à donner ou à délaisser, à faire ou à ne pas faire quelque chose. *In jus vocatio juris experiundi causâ.* Leg. 1, ff. *de in jus vocando.*

Art. 1ᵉʳ. Toute citation devant les juges de paix contiendra la date des jour, mois et an , les noms , profession et domicile du demandeur , les noms , demeure et immatricule de l'huissier , les noms et demeure du défendeur ; elle énoncera sommairement l'objet et les moyens de la demande , et indiquera le juge de paix qui doit connaître de la demande , et le jour et l'heure de la comparution.

FORMULE de Citation pour la répétition d'une somme dont le Juge de Paix peut connaître en dernier ressort.

A la requête du sieur N. (*exprimer les nom , surnom , qualité et demeure*), qui fait élection de domicile en sa maison audit lieu , j'ai C..., huissier de M. le juge de paix du canton de...., arrondissement de....., reçu et immatriculé au Tribunal de première Instance de l'arrondissement de..... et dûment patenté sous le n°. 28 , demeurant à........, cité à comparoir pardevant mondit sieur le juge de paix , en son domicile , rue....., le 9 du mois d'Avril 1806 , heure de......, le sieur P. , propriétaire , en son domicile , parlant à (1).....,

---

(1) C'est au moment que l'huissier remet la copie , qu'il doit faire mention de la personne à qui il la remet , et il ne peut faire porter cette copie par un de

où je me suis exprès rendu, distant de ma demeure de 15 kilomètres, pour être con-

---

ses parens ou autres personnes quelconques, en insérant d'avance, dans son exploit, le *parlant à...*, à peine de faux. Cet abus a été réprimé par un arrêt de la Cour de Cassation, ainsi conçu (Arrêt de 1806, p. 224.).

L'huissier qui fait remettre par son fils la copie de son exploit contenant le PARLANT A*, peut-il être poursuivi comme faussaire ?* Rés. aff.

Fauré père, huissier à Verdun (Haute-Garonne), était dans l'usage de faire porter par son fils les copies de ses exploits, entièrement confectionnées, c'est-à-dire revêtues de sa matricule, signées de lui, et même faisant mention DE LEUR DÉLAISSÉ, *en parlant aux personnes des assignés.*

Nul doute que toutes ces circonstances agravantes dont *Fauré* convenait, ne constituassent un faux matériel.

Fauré donnait pour excuse, que les copies étaient aussi exactement remises par son fils, que s'il les eût portées lui-même.

L'excuse n'était pas bonne ;

Car, en supposant cette exactitude, il y avait toujours de la part du père un faux réel dans la remise faite par le fils.

Mais ensuite le père ne commettait-il pas un faux plus considérable encore, en mettant chez lui le *parlant à* ?

Aussi a-t-il été traduit devant la Cour spéciale de

damné à payer au requérant la somme de cinquante francs, avec intérêts à compter du jour de la demande en justice, et aux dépens de l'instance, aux offres que fait le requérant, en cas de dénégation, de prouver par témoins, le prêt de ladite somme et sous toutes réserves de droit, et ai huissier susdit, laissé copie de mon présent exploit audit sieur P......, en son domicile, parlant comme dessus, afin qu'il n'en ignore.

Signé.........

Enregistrer avant l'audience.

Nota. Si la personne est absente, la citation se

---

la Haute-Garonne, pour remise semblable, à différens particuliers, de citations au Tribunal de Police de Verdun.

Le 17 nivôse an 14, cette Cour s'est déclarée compétente;

Et son arrêt, transmis à la Cour de Cassation, y a été confirmé à l'unanimité.

ARRÊT.

« La Cour : Attendu que Pierre *Fauré* père,
» huissier, est prévenu de faux en écritures publiques,
» délit dont la connaissance est attribuée aux Tri-
» bunaux spéciaux par l'art. 2 de la loi du 25 floréal
» an 10, etc. confirme, etc.

Du 16 Janvier 1806. -- Section criminelle. - Rapp. M. Audier-Massillon. Il y a encore un arrêt du 9 nivôse an 12, pour *simple remise* d'exploit faite par un tiers. *V. dans les Déc. div., an 12, page 62.*

donne au maire qui vise l'*original* sans frais. *Voyez l'art 4 suiv.; voyez aussi l'art. 68.*

2. En matière purement personnelle ou mobilière, la citation sera donnée devant le juge du domicile du défendeur ; s'il n'a pas de domicile, devant le juge de sa résidence.

Les formules faites sous l'art. 1er. serviront pour toutes les affaires personnelles et mobilières, dont parle l'art. 2, en observant que le défendeur doit être cité par-devant le juge de son domicile; s'il n'a pas de domicile, devant le juge de sa résidence; suivant la maxime : *Actor sequitur forum rei. Voyez l'art. 3 de la loi du 26 octobre 1790.*

3. Elle le sera devant le juge de la situation de l'objet litigieux lorsqu'il s'agira,

1°. Des actions pour dommages aux champs, fruits et récoltes ;

2°. Des déplacemens de bornes, des usurpations de terres, arbres, haies, fossés et autres clôtures, commis dans l'année ; des entreprises sur les cours d'eau, commises pareillement dans l'année, et de toutes autres actions possessoires ;

3°. Des réparations locatives ;

4°. Des indemnités prétendues par le fermier ou locataire pour non - jouissance, lorsque le droit ne sera pas contesté, et des dégradations alléguées par le propriétaire.

4. La citation sera notifiée par l'huissier de la justice de paix du domicile du défendeur; en cas d'empêchement, par celui qui sera commis par le juge : copie en sera laissée à la partie ; s'il ne se trouve personne en son domicile, la copie sera laissée au maire ou adjoint de la commune, qui visera l'original sans frais.

L'huissier de la justice de paix ne pourra instrumenter pour ses parens en ligne directe, ni pour ses frères, sœurs, et alliés au même degré.

5. Il y aura un jour, au moins, entre celui de la citation et le jour indiqué pour la comparution, si la partie citée est domiciliée dans la distance de trois myriamètres (6 lieues).

Si elle est domiciliée au - delà de cette distance, il sera ajouté un jour pour trois myriamètres.

Dans le cas où les délais n'auront point été observés, si le défendeur ne comparaît pas, le juge ordonnera qu'il sera réassigné, et les frais de la première citation seront à la charge du demandeur.

6. Dans les cas urgens, le juge donnera une cédule pour abréger les délais, et pourra

permettre de citer même dans le jour et à l'heure indiqués.

7. Les parties pourront toujours se présenter volontairement devant un juge de paix, auquel cas il jugera leur différent, soit en dernier ressort, si les lois ou les parties l'y autorisent, soit à la charge de l'appel, encore qu'il ne fût le juge naturel des parties, ni à raison du domicile du défendeur, ni à raison de la situation de l'objet litigieux.

La déclaration des parties qui demanderont jugement sera signée par elles, ou mention sera faite si elles ne peuvent signer.

TITRE II.

Des Audiences du Juge de paix, et de la Comparution des Parties.

8. Les juges de paix indiqueront au moins deux audiences par semaine : ils pourront juger tous les jours, même ceux de dimanches et fêtes, le matin et l'après-midi.

Ils pourront donner audience chez eux, en tenant les portes ouvertes.

9. Au jour fixé par la citation, ou convenu entre les parties, elles comparaîtront en personne, ou par leurs fondés de pouvoir, sans qu'elles puissent faire signifier aucune défense.

10. Les parties seront tenues de s'expliquer avec modération devant le juge, et de garder en tout le respect qui est dû à la justice : si elles y manquent, le juge les y rappellera d'abord par un avertissement ; en cas de récidive, elles pourront être condamnées à une amende qui n'excèdera pas la somme de dix francs, avec affiches du jugement, dont le nombre n'excèdera pas celui des communes du canton.

11. Dans le cas d'insulte ou irrévérence grave envers le juge, il en dressera procès-verbal et pourra condamner à un emprisonnement de trois jours au plus.

12. Les jugemens, dans les cas prévus par les précédens articles, seront exécutoires par provision.

13. Les parties ou leurs fondés de pouvoir seront entendus contradictoirement. La cause sera jugée sur-le-champ ou à la première audience ; le juge, s'il le croit nécessaire, se fera remettre les pièces.

14. Lorsque l'une des parties déclarera vouloir s'inscrire en faux, déniera l'écriture, ou déclarera ne pas la reconnaître, le juge lui en donnera acte : il paraphera la pièce, et renverra la cause devant les juges qui doivent en connaître.

Nota. Si l'une des parties excipe d'une pièce que

l'adversaire prétend être fausse , en déclarant qu'il entend trancher l'inscription de faux, le juge de paix pourra prononcer en ces termes :

« A l'instant, le sieur N. ayant excipé pour moyens
» d'une pièce que le sieur M. a soutenu être fausse,
» en déclarant qu'il entendait trancher l'inscription
» de faux contre icelle, après avoir paraphé la pièce
» prétendue fausse et donné acte audit sieur de sa
» déclaration, nous avons renvoyé et renvoyons les
» parties à se pourvoir par-devant les Tribunaux qui
» en doivent connaître, dépens de l'instance faits par-
» devant nous, réservés. »

15. Dans les cas où un interlocutoire aurait été ordonné, la cause sera jugée définitivement, au plus tard dans le délai de quatre mois du jour du jugement interlocutoire : après ce délai, l'instance sera périmée de droit ; le jugement qui serait rendu sur le fond sera sujet à l'appel , même dans les matières dont le juge de paix connaît en dernier ressort, et sera annullé sur la réquisition de la partie intéressée.

Si l'instance est périmée par la faute du juge , il sera passible des dommages et intérêts.

Il n'y aurait point d'inconvénient que la partie qui se croit fondée à proposer des griefs contre l'interlocutoire, fit après la prononciation du jugement préparatoire, une sommation à l'adversaire, dans laquelle elle lui déclarerait qu'elle fait les réserves les plus expresses de proposer tous griefs légitimes contre ledit jugement préparatoire lorsqu'on plaidera sur l'appel au fond s'il échéait de l'interjeter. *Voy. la note faite sous l'art. 31.*

La loi qui PRONONCE *la* PÉREMPTION *de l'instance et même de l'*ACTION *à défaut de jugement dans quatre mois, par la justice de paix, est-elle applicable à une action sur laquelle le juge de paix était incompétent ?*

Le citoyen Pluvis, propriétaire d'un domaine rural, composé de terres labourables, prés et bois, avait donné ce domaine à bail à ferme au cit. Landry.

A l'expiration du bail, ce propriétaire avait articulé, contre le fermier, des faits de dégradations, notamment dans les bois, et avait cité le cit. Landry, le 22 brumaire an 2, devant le juge de paix, pour convenir d'experts, aux fins de constater les atteintes portées à sa propriété, et d'en faire l'estimation.

Des récusations d'experts et tiers-experts, des remises de transport sur les lieux, avaient retardé l'opération jusqu'au mois de messidor an 2.

Le tiers-expert n'avait remis son procès-verbal aux parties que le 17 brumaire an 4.

Le 26 fructidor de la même année, le demandeur avait fait sommation au défendeur de comparaître pour voir homologuer ce procès-verbal, et se voir condamner à lui rembourser les objets qui y étaient estimés une somme de 384 francs, et à lui payer 2,726 fr. pour dégâts faits aux arbres.

Le juge de paix avait ordonné, le même jour, que les pièces lui seraient remises pour en être délibéré et être le jugement prononcé le 9 vendémiaire an 5.

Ce jugement a été prononcé le 9 vendémiaire.

Il contient deux dispositions : par la première, il condamne au paiement de 384 fr.; par la seconde, vu que la demande de 2,726 fr. dérive d'une atteinte portée à la propriété, que par là elle n'est pas de la compétence du juge de paix, celui-ci renvoie les parties à se pourvoir devant juge compétent.

Les juges du Tribunal civil du département de Saône et Loire, prononçant sur l'appel interjetée par le fermier, ont annullé ce jugement, en lui appliquant les art. 5 et 7 du titre VII de la loi du 26 octobre 1790.

Pourvoi en cassation pour fausse application de ces articles au cas où le juge de paix se déclare incompétent.

JUGEMENT.

Attendu que les art. 5 et 7 du titre VII de la loi du 26 octobre 1790, font partie d'une loi spécialement et exclusivement destinée à régler la procédure dans les justices de paix ;

Que les dispositions sagement employées par les législateurs dans une pareille loi pour accélérer l'instruction des contestations soumises aux juges de paix, ne doivent pas être appliquées à la forme de procéder prescrite par les autres Tribunaux ;

Attendu qu'il résulte des faits et de la procédure, ainsi que du jugement prononcé le 9 vendémiaire an 5, par le juge de paix, que la demande d'une somme de 2,726 f. pour abattis de bois, dérivait d'une imputation d'atteinte aux propriétés du demandeur ; que conséquemment cette répétition n'était pas de la compétence de la justice de paix ;

Que cette justice n'est assujettie aux formes et aux délais prescrits par la loi du 26 octobre 1790, que pour les cas où elle peut valablement prononcer sur le fond de la contestation.

Que l'art 7 du titre VII de cette loi, en prononçant la peine de la péremption d'instance, et même l'extinction de l'action, suppose nécessairement une instance de la nature de celles qui sont admissibles devant un Tribunal de paix, et une action dont ce Tribunal peut connaître ;

Que la fin de cet art. démontre cette intention de la loi, puisqu'il porte le jugement que le juge de paix rendrait ensuite (de quatre mois) sur le fond, et que, de l'autre, il n'est pas possible de supposer que la loi ait voulu faire annuller un jugement par lequel ce juge de paix s'est simplement déclaré incompétent ;

Qu'il résulte de là que les art. cités sont faussement appliqués :

D'après ces motifs, le Tribunal casse et annulle le jugement rendu par le Tribunal civil du département de Saône et Loire, le 14 Thermidor an 6.

Du 24 frimaire an 9. —-- *Section civile.*

16. L'appel des jugemens de la justice de paix ne sera pas recevable après les trois mois, à dater du jour de la signification faite par l'huissier de la justice de paix, ou tel autre commis par le juge.

Formule d'un Appel conditionnel.

Pour éviter de sérieuses contestations au sujet d'une appellation à émettre d'un jugement, laquelle entraîne des frais énormes, il serait à propos, dans la plus grande partie des affaires, de motiver conditionnellement un appel à-peu-près en ces termes :

N.... *(exprimer les nom, surnom, qualité et demeure)* qui fait élection de domicile en sa maison (ou en celle de M., son avoué),

Remontre au Sr O.... *(exprimer les nom, surnom, qualité et demeure)* que le...... *(énoncer le jour, le mois et l'année)*, il a été rendu contradictoirement entre eux, en la justice de..... un jugement contenant différentes dispositions. Par la première, le remontrant a été déclaré reliquataire envers le sieur O.... de la somme de..., tandis qu'il fallait imputer sur la somme par lui répétée celle de......, montant du prix de telles et telles fournitures faites audit sieur O....; ce qui réduisait ce premier chef de demande à la somme de.....

Que par le second chef du même jugement, le remontrant a été débouté de la demande par lui formée de la somme de.... pour du vin vendu, sous le prétexte que le livre-journal du sieur N..... ne faisait aucune mention de cet objet ; prétexte frivole et dénué de toute justice, puisque le remontrant est en état de prouver par témoins qu'il a fait la livraison de deux pièces de vin au-

dit sieur O.... dans le cours du mois de....
et qu'elles ont été conduites dans son magasin situé en tel quartier, etc.

En conséquence et par ces considérations,
le remontrant interpelle le sieur O..... de
déclarer nettement et précisément, dans le
délai de.... s'il consent à l'imputation demandée par le remontrant sur la somme qui
fait l'objet du premier chef du jugement :
en cas de consentement, le remontrant déclare dès-à-présent, comme pour lors, qu'il
est prêt à faire état audit sieur O.... de la
somme de.... formant le reliquat de ce qui
lui est dû pour le premier objet.

Il interpelle par le même moyen ledit S.^r
O.... de déclarer, dans le même délai, s'il
consent à faire état au remontrant de la
somme .... pour le prix des deux pièces de
vin qu'il a fait conduire dans son magasin
au mois de ....

En cas de consentement de la part du S.^r
O...., le remontrant, au lieu d'être débiteur, se trouvera créancier du sieur O....
au moyen de ce que la somme formant le
reliquat du premier article devra être ab-
sorbée par le prix des deux pièces de vin,
et qu'il en résultera un excédant de la somme
de .... de laquelle le sieur O.... consen-
tira de faire état au remontrant, ainsi que

des frais de l'instance , même ceux de la présente sommation.

Faute par ledit sieur O.... de donner lesdits deux consentemens ou de répondre à la présente dans le délai de. ...,. le re-montrant déclare qu'il interjette appel du jugement dudit jour de...., et qu'il fera citer sans retard ledit sieur O.... pour plaider sur ledit appel; faisant au surplus toutes ré-serves de droit.

17. Les jugemens des justices de paix , jus-qu'à concurrence de trois cents francs , seront exécutoires par provision , nonobstant l'ap-pel et sans qu'il soit besoin de fournir cau-tion. Les juges de paix pourront, dans les autres cas, ordonner l'exécution provisoire de leurs jugemens , mais à la charge de donner caution.

18. Les minutes de tout jugement seront portées par le greffier sur la feuille d'audience, et signées par le juge qui aura tenu l'au-dience et par le greffier.

TITRE III.

Des Jugemens par défaut, et des Oppositions à ces jugemens.

19. Si au jour indiqué par la citation, l'une des parties ne comparaît pas, la cause sera jugée par défaut, sauf la réassignation dans

le cas prévu dans le dernier alinéa de l'art. 5.

20. La partie condamnée par défaut pourra former opposition, dans les trois jours de la signification faite par l'huissier du juge de paix, ou autre qu'il aura commis.

L'opposition contiendra sommairement les moyens de la partie et assignation au prochain jour d'audience, en observant toutefois les délais prescrits pour les citations : elle indiquera les jour et heure de la comparution, et sera notifiée ainsi qu'il est dit ci-dessus.

FORMULE d'Opposition à un Jugement par défaut.

Le sieur N.... *(exprimer les nom, prénom et domicile de la partie)* qui a vu et examiné le jugement rendu par défaut contre lui en la justice de paix du canton de ..., arrondissement de ..., le .... du présent mois de ..., au profit du sieur O.... *(nom, prénom et domicile)*, déclare à ce dernier qu'il forme opposition à ce jugement par la raison dont il va s'expliquer.

Le sieur O.... en vertu de ce jugement ferait supporter une dépense considérable pour de prétendues réparations locatives à faire dans le logement que tient le remontrant par amodiation dudit sieur O......,

tandis qu'il est constaté par un état fait entre les parties le . . . , de la situation où se
trouvait le logement dont il s'agit, que les
fenêtres étaient dans le plus pitoyable état,
y ayant plusieurs verres fêlés, quelques-uns
cassés; que le pavé des deux chambres était
en grande partie brisé; que les enduits man-
quaient dans presque tout le pourtour dudit
logement.

Ces moyens sont plus que suffisans pour
faire accueillir l'opposition que forme le remontrant audit jugement; et, pour y parvenir, il dénonce audit sieur O.... l'audience
par-devant M. le juge de paix *(exprimer le
mois, le jour et l'heure)*, à laquelle il con-
clura à ce qu'il plaise à M. le juge de paix,
faisant droit sur l'opposition formée au jugement d'un tel jour, par cédule dûment
signifiée et enregistrée le . . . , remettre les
parties au même état qu'elles étaient avant
ledit jugement, et ordonner qu'elles plaide-
ront au fond.

L'huissier fera la signification de cette
sommation contenant opposition et dénonciation d'audience, en invitant la partie à
s'y conformer.

21. Si le juge de paix sait par lui-même, ou
par les représentations qui lui seraient faites

à l'audience par les proches, voisins ou amis du défendeur, que celui-ci n'a pu être instruit de la procédure, il pourra, en adjugeant le défaut, fixer pour le délai de l'opposition le temps qui lui paraîtra convenable ; et dans le cas où la prorogation n'aurait été ni accordée d'office ni demandée, le défaillant pourra être relevé de la rigueur du délai, et admis à opposition, en justifiant qu'à raison d'absence ou de maladie grave, il n'a pu être instruit de la procédure.

22. La partie opposante qui se laisserait juger une seconde fois par défaut ne sera plus reçue à former une nouvelle opposition.

Nota. Cette disposition est conforme à l'ancienne jurisprudence, rappelée dans cette règle de Loisel : *Opposition sur opposition ne vaut.*

TITRE IV.

Des Jugemens sur les Actions possessoires.

23. Les *actions possessoires* (1) ne seront

___

(1) Il faut distinguer *deux actions* : l'une concernant le droit de propriété, qu'on appelle action *petitoire*, *rei prætoria* ; l'autre concernant le fait de la possession, qu'on appelle action *possessoire*, *ad retinendam vel recuperandam possessionem* ; c'est de cette dernière dont il est parlé en cet article, et qui était connue autre fois sous le nom de complainte et réintégrande.

recevables qu'autant qu'elles auront été formées dans l'*année du trouble* (1) par ceux

---

M:. Boutaric distingue la complainte de la réintégrande, en ce que, pour la complainte, il suffit d'être
troublé en la possession, et pour la réintégrande, il
faut avoir été dépossédé par violence ou voie de fait.
La complainte est ce que le droit romain appelle
*interdictum utì possidetis , retinendœ possessionis
causá comparatum;* la réintégrande est ce que le même
droit romain appelle *interdictum undè vi recupe andœ
possessionis causá comparatum.* C'est ainsi que s'explique *Fontanon* sur la pratique de *Masuer*, titre
21 , n°. 28; *Ferrière* dans son dictionnaire de Pratique,
sous le mot de réintégrande, prétend qu'il ne faut
pas distinguer la complainte de la réintégrande, celle-
ci étant comprise dans la complainte, parce que,
dit-il, la complainte a lieu soit qu'on ait été seulement
troublé, soit qu'on ait été chassé ou empêché.

Mais il convient, d'un côté, que la réintégrande
n'est comprise dans la complainte que quand il y a
eu spoliation; et, d'autre part, que dans le cas de
simple trouble on ne peut conclure à la réintégrande,
mais à des défenses de troubler et d'inquiéter. Il y a
donc de la différence entre ces deux actions, soit dans
leur principe, soit dans leur objet; mais la manière
de les intenter est la même.

(1) Ce temps court contre toutes sortes de personnes,
soit mineures , soit communes.

Celui qui est troublé dans sa possession a, pendant
l'année du trouble, la liberté de se pourvoir ou par
complainte ou par demande au pétitoire; mais après

qui, depuis une année au moins, étaient en possession paisible par eux ou les leurs, *à titre non précaire* (1).

24. Si la possession ou le trouble sont déniés, l'*enquête* (2), qui sera ordonnée ne pourra porter sur le fond du droit.

---

l'année du trouble, il ne peut plus se pourvoir que par demande au pétitoire.

(1) Il faut donc être propriétaire, ou usufruitier, ou possesseur *animo domini*, pour pouvoir intenter cette complainte.

C'est une maxime que la charrue ne fait pas le trouble, mais bien la faucille ; elle a été consacrée par un arrêt du 11 mai 1685, rapporté par l'auteur des Traités du Droit français, tome 4, page 354, édition *in-12*, en ces termes : « Action de trouble dure un an. » Ordonnance de 1667, tit. 15, art. 1er., *question* : « L'usurpateur mit la charrue en mon champ qu'il » laboura le 20 avril 1700 ; il le sema en septembre » même année, et le moissonna en 1701 au mois » d'août. Je le fis assigner le 18 juillet 1702 ; était- » il temps ? Quelques-uns pensent que la charrue fait » le trouble ; mais en Bourgogne nous disons que » c'est la faucille, par la récolte, et cela fut jugé » par un arrêt à l'audience de relevée du 11 mai » 1685, moi plaidant pour la nommée *Huet*, veuve » de *Borthon*, marchand à *Auxonne*, contre *Briot*, » laboureur à *Athée* ».

(2) Voyez, pour les formalités de l'*enquête*, art. 34 et suiv.

25. Le possessoire et le pétitoire ne seront jamais cumulés.

Formules des Conclusions relatives à la Complainte possessoire.

Le demandeur conclut « *à ce qu'il soit maintenu et gardé en la possession et jouissance de tel héritage ; la partie qui a fait le trouble, condamnée à rendre et restituer au demandeur les fruits qu'elle a perçus et qu'elle l'a empêché de percevoir, et en tous dommages, intérêts et dépens, et que défenses soient faites au défendeur de l'y troubler.* »

Nota. Il arrive souvent que le défendeur prend lui-même pour un trouble la demande en complainte formée par son adversaire ; alors ce défendeur forme une action que les praticiens appellent un *redoublement d'interdit*, et en ce cas les conclusions sont conçues en ces termes :

« *A ce qu'en lui donnant acte de ce qu'il prend pour trouble à sa jouissance et possession, la demande en complainte possessoire formée par le sieur N., ..., il soit maintenu et gardé précisément et définitivement dans la jouissance et possession de l'héritage qu'il possède (en tel canton), ainsi qu'il en jouissait avant ladite demande en complainte ; au droit négatif qu'il n'a été loisible ni permis audit sieur N....*

de le troubler comme il l'a fait, et qu'il sera condamné aux dommages et intérêts du trouble, et aux dépens de l'instance. »

Formule de Conclusions en réintégrande.

« A ce qu'il soit remis et réintégré en la possession de la maison et héritage dont il a été dejeté par violence, avec restitution de fruits ; et à ce que le défendeur soit condamné aux dommages et intérêts, et que défenses lui soient faites de le troubler à l'avenir dans sa possession, sauf au défendeur à se pourvoir au pétitoire, et à justifier de sa propriété. »

Voy. encore les art. 545 et 546 du présent code, aux notes.

26. Le demandeur au pétitoire ne sera plus recevable à agir au possessoire.

27. Le défendeur en possessoire ne pourra se pourvoir au pétitoire qu'après que l'instance sur le possessoire aura été terminée ; il ne pourra, s'il a succombé, se pourvoir qu'après qu'il aura pleinement satisfait aux condamnations prononcées contre lui.

Si néanmoins la partie qui les a obtenues était en retard de les faire liquider, le juge du pétitoire pourra fixer, pour cette liquidation, un délai après lequel l'action au pétitoire sera reçue.

TITRE V.

Des Jugemens qui ne sont pas définitifs,
et de leur exécution.

28. Les jugemens qui ne seront pas définitifs ne seront point expédiés quand ils auront
été rendus contradictoirement et prononcés
en présence des parties ; dans le cas où le
jugement ordonnerait une opération à laquelle les parties devraient assister, il indiquera le lieu, le jour et l'heure, et la prononciation vaudra citation.

29. Si le jugement ordonne une opération
par des gens de l'art, le juge délivrera à la
partie requérante cédule de citation pour appeler les experts ; elle fera mention du jour,
du lieu et de l'heure, et contiendra le fait
et la disposition du jugement relative à l'opération ordonnée.

Si le jugement ordonne une enquête, la
cédule de citation fera mention de la date
du jugement, du lieu, du jour et de l'heure.

3o. Toutes les fois que le juge de paix se
transportera sur le lieu contentieux, soit
pour en faire la visite, soit pour entendre les
témoins, il sera accompagné du greffier, qui
apportera la minute du jugement préparatoire.

31. Il n'y aura lieu à l'appel des jugemens

préparatoires qu'après le jugement définitif, et conjointement avec l'appel de ce jugement ; mais l'exécution des jugemens préparatoires ne portera aucun préjudice aux droits des parties sur l'appel, sans qu'elles soient obligées de faire à cet égard aucune protestation ni réserve.

L'appel des jugemens *interlocutoires* (1)

---

(1) *Interlocutoire* se dit d'un jugement qui n'est point définitif, c'est-à-dire qui ne décide pas le fond de la contestation, mais seulement ordonne quelque chose pour l'instruction ou l'éclaircissement de cette contestation ; on dit quelquefois un jugement *interlocutoire*, et quelquefois, pour abréger, un *interlocutoire* simplement.

Tout *interlocutoire* est un *préparatoire* et un préalable à remplir avant le jugement définitif ; mais il diffère du simple *préparatoire*, en ce que celui-ci ne concerne ordinairement que l'instruction, au lieu que l'autre touche au fond. Un jugement qui ordonne que l'on fournira des défenses, ou que l'on donnera copie ou communication d'une pièce, est un simple préparatoire qui ne préjuge rien sur le fond, au lieu que l'interlocutoire ou préjuge le fond, ou du moins est rendu après avoir examiné le fond, comme quand on ordonne avant faire droit une enquête, ou une descente, un plan, une visite, etc. Encyclopédie, tome 28, page 942, édit. in-4°.

On ne trouve dans aucuns praticiens, de défini-

est permis avant que le jugement définitif ait été rendu.

Dans ce cas, il sera donné expédition du jugement interlocutoire.

TITRE VI.

De la Mise en Cause des Garans.

32. Si au jour de la première comparution, le défendeur demande à mettre garant en cause, le juge accordera délai suffisant en raison de la distance du domicile du garant : la citation donnée au garant sera libellée, sans qu'il soit besoin de lui notifier le jugement qui ordonne sa mise en cause.

FORMULE de Citation en garantie.

L'an...., le.. du mois de..., à la requête du sieur N.... *(il faut exprimer les nom, qualité et demeure)*, qui fait élection de domicile en sa maison de résidence audit

---

tions aussi claires de l'INTERLOCUTOIRE et du *préparatoire.*

Quoiqu'il soit dit qu'il ne peut être préjudicié au fond par le silence que l'on garde sur les griefs que peut faire le préparatoire, on pense qu'il serait à propos, ainsi qu'on s'est expliqué sous l'art. 15 du titre 2, de faire une sommation à celui qui a fait rendre le préparatoire, pour lui en faire sentir l'irrégularité ou l'inutilité.

lieu , j'ai , huissier commis par M. le juge
de paix du canton de . . . , arrondissement
de... *(exprimer l'immatricule , le domicile
et le n.º de la patente)* , remontré au sieur
A.... propriétaire, demeurant à ...., distant
de ma demeure de...., au domicile duquel je
me suis exprès transporté, que le sieur N....
requérant , avait été cité par-devant M. le
juge de paix du canton de..., arrondissement
de..., à requête de *Joseph*, pour être condamné à lui laisser prendre les fruits de tel
héritage , situé à .... de la contenance d'un
hectare *(exprimer les quatre confins)*, prétendant qu'il en était possesseur légitime ;
que l'affaire ayant été portée à l'audience
du . . . , le requérant a représenté qu'il était
lui-même en possession de l'héritage sus-
mentionné, en vertu de l'amodiation verbale qui lui avait été consentie par le sieur
A..... ; que sur cette observation il avait
été ordonné que le sieur N..... requérant,
appellerait en garantie le sieur A.... pour
paraître à la première audience qui se tiendra.... En conséquence , et après avoir fait
les remontrances ci-dessus exprimées au S.ʳ
A..... parlant à sa personne, je l'ai cité à
être et comparoir ledit jour...., heure de...,
en l'auditoire et par-devant M. le juge de
paix, pour répondre et procéder sur la ga-

rantie qu'entend exercer contre lui ledit S.r
N.... pour lequel il sera tenu de prendre le
fait et cause en main, en le faisant renvoyer
des demandes, fins et conclusions du sieur
Joseph, avec dépens actifs et passifs, sinon
à garantir et indemniser le requérant des
adjudications que ledit sieur *Joseph* pourrait
obtenir contre lui activement et passivement,
avec dépens actifs et passifs : et j'ai, parlant
comme dessus, laissé copie de mon présent
exploit audit sieur A..... afin qu'il n'en
ignore.

33. Si la mise en cause n'a pas été demandée
à la première comparution, et si la citation
n'a pas été faite dans le délai fixé, il sera
procédé sans délai au jugement de l'action
principale, sauf à statuer séparément sur la
demande en garantie.

TITRE VII.

Des Enquêtes.

L'*Enquête* est, en matière civile, ce qu'est l'in-
formation en matière criminelle, c'est-à-dire, la re-
cherche de la vérité d'un fait dans la déposition des
témoins ; car il ne suffit pas d'alléguer en matière
de procès : il faut justifier les faits qui sont mis en
avant par une partie, et ceux qu'on allègue devant
le juge contre la partie, quand ils servent à la décision de la cause ; c'est pour cela que le juge ordonne une enquête.

L'enquête est verbale ou par *écrit*. L'enquête verbale est celle qui se fait en l'audience dans certaines matières.

L'enquête par écrit est celle qui se fait en vertu d'un appointement à informer ou à faire preuve, lequel doit contenir précisément les faits dans lesquels les parties sont contraires, et ordonner qu'elles en informeront respectivement.

34. Si les parties sont contraires en faits de nature à être constatés par témoins, et dont le juge de paix trouve la vérification utile et admissible, il ordonnera la preuve et en fixera précisément l'objet.

FORMULE du Jugement qui ordonne la preuve par témoins d'un fait articulé par l'une des parties.

Entre le sieur N.... (*exprimer les nom, qualité et demeure*), demandeur aux fins de l'exploit de citation de l'huissier..... à la date du....... (*on peut répéter les conclusions de la demande*), comparant en personne, d'une part;

Le sieur *Joseph (exprimer comme dessus)* aussi comparant en personne.

Sur ce qu'il a été observé par le sieur *Joseph* qu'il a fait et fait faire par ses gens et domestiques telles et telles opérations dans l'héritage contentieux, assertions dont est disconvenu le demandeur,

Nous, juge de paix susdit, ordonnons avant faire droit, que le sieur *Joseph* amenera à notre première audience du..., heure de..... tous les témoins qu'il lui plaira diligenter pour déposer sur les faits suivans, qui sont :

1.º Que le sieur *Joseph* a fait au mois de...., tel jour...., piocher depuis telle heure du matin jusqu'à celle de...., dans l'héritage contentieux, qu'il en a enlevé *tant* de voitures de laves ;

2.º Que postérieurement et au mois de..., il a fait faire telles autres opérations.

Disons pareillement qu'il demeure réservé au sieur N..... de faire diligenter pour la susdite audience ses témoins pour déposer sur les faits contraires par lui articulés, et qui sont :

1.º Que si le sieur *Joseph* a tiré de l'héritage en question, de la lave, il ne peut en induire un fait de possession, puisque cette lave n'a pas tourné au profit dudit sieur *Joseph*, et qu'elle a été employée sur les couverts des bâtimens du demandeur ; qu'il en a payé l'extraction audit *Joseph* comme journalier, en présence des témoins qui seront diligentés ;

2.º Que si postérieurement il a fait faire

d'autres opérations sur le même héritage, il ne les a faites que pour le compte du demandeur, et conjointement avec les ouvriers qu'il employait pour vaquer auxdites opérations ; et dont les salaires ont été payés de ses deniers.

Fait et jugé, etc.

Nota. 1°. L'huissier du juge de paix, ou celui qu'il commet, cite les témoins pour faire leurs dépositions aux jour et heure indiqués dans le jugement préparatoire, en observant les formalités prescrites pour les exploits, *comme dessus.*

Nota 2°. S'il s'agit d'une matière qui n'excède pas la *compétence* du juge de paix pour juger en dernier ressort, les dépositions des témoins ne sont pas retenues ; mais il en est simplement fait note dans la disposition du jugement, en rappelant les circonstances les plus intéressantes.

35. Au jour indiqué, les témoins, après avoir dit leurs noms, profession, âge et demeure, feront le serment de dire vérité, et déclareront s'ils sont parens ou alliés des parties et à quel degré, et s'ils sont leurs serviteurs ou domestiques.

36. Ils seront entendus séparément, en présence des parties, si elles comparaissent ; elles seront tenues de fournir leurs reproches avant la déposition, et de les signer : si elles ne le savent ou ne le peuvent,

il en sera fait mention ; les reproches ne pourront être reçus, après la déposition commencée, qu'autant qu'ils seront justifiés par écrit.

S'il est fourni des reproches contre un témoin, le juge peut en faire mention en ces termes :

« A l'instant le sieur N...., demandeur, a fourni pour reproches, contre O......, premier témoin diligenté par le sieur *Joseph*, défendeur, 1°. que le jour même, avant de se rendre à l'auditoire, le défendeur et ledit O... ont bu et mangé ensemble dans le cabaret du.... ; 2°. que le défendeur a promis audit O... de lui prêter gratuitement son cheval pour s'en servir pendant huit jours. »

» Le sieur O.... a répondu que les reproches contre lui fournis étaient faux et calomnieux ; qu'il n'a bu ni mangé avec le défendeur depuis plus d'un mois ; qu'il n'avait pu être question entre eux d'aucun prêt de cheval , puisque O...... remontrant, n'a aucun voyage à faire , et qu'il fait ordinairement ses routes à pied. »

Les reproches fournis par le demandeur contre un témoin , lorsque sa déposition est commencée :

« A l'instant le sieur N...., demandeur, nous a prié d'interrompre un instant l'audition du témoin, M.... ayant un reproche de la plus grande force à proposer contre lui ; qu'il est établi et vérifié par l'extrait d'un jugement rendu par le Tribunal de police correctionnelle de tel arrondissement, que le témoignage dudit M.... a été rejeté dans une cause à-peu-près semblable à celle-ci, et qu'il a été condamné à une amende envers le fisc, lequel extrait il nous représente pour rester en dépôt entre les mains de notre greffier jusqu'après le jugement de l'instance, après avoir été préalablement coté par nous, notre greffier, et ledit M...., s'il le juge à propos.

37. Les parties n'interromperont point les témoins. Après la déposition, le juge pourra, sur la réquisition des parties, et même d'office, faire aux témoins les interpellations convenables.

Néanmoins, sur la prière de l'une des parties, le juge peut interpeller le témoin de s'expliquer sur quelques circonstances de sa déposition, et faire cette interpellation en ces termes :

« Le sieur N....., demandeur, nous ayant prié d'interpeller le temoin de déclarer s'il accompagnait ou non les voitures qui conduisaient les laves qui étaient extraites dans le champ contentieux dont il s'agit, et si c'est lui qui a conduit lesdites voitures dans la cour de la maison du demandeur. L'interpellation faite, le témoin a répondu : etc.

38. Dans tous les cas où la vue du lieu peut être utile pour l'intelligence des dépositions, et spécialement dans les actions pour déplacement de bornes, usurpations de terres, arbres, haies, fossés ou autres clôtures, et pour entreprises sur les cours d'eau, le juge de paix se transportera, s'il le croit nécessaire, sur le lieu, et ordonnera que les témoins y seront entendus.

Pour parvenir à faire faire l'enquête sur les lieux,

afin que les témoins ayent les objets plus présens, et qu'ils puissent s'expliquer plus clairement, on peut demander à l'audience à laquelle intervient le préparatoire, qu'il plaise au juge procéder à l'enquête sur les lieux contentieux.

Si l'on a omis de faire cette réquisition à l'audience, on peut, avant que les témoins ne soient diligentés, présenter une requête au juge en ces termes :

A M. le Juge de paix du canton de . . . . ., arrondissement de . . . . .,

« Expose N. (*exprimer les nom, qualité et demeure*) que dans l'instance pendante par - devant vous, entre le sieur *Joseph* et l'exposant, vous avez par votre interlocutoire du. . . . . ., ordonné que les témoins diligentés par les parties, seraient entendus le . . . . , à votre audience, heure de . . . . . »

« L'affaire étant importante, et pour mettre les témoins en état de s'expliquer avec plus de netteté et de précision sur les objets qui divisent les parties, il est à propos de faire l'enquête et la contre-enquête sur les lieux mêmes ; »

« Par ces considérations, l'exposant recourt à ce qu'il vous plaise M., ordonner que pour l'exécution de l'interlocutoire du . . . . ., il sera, par vous, procédé, assisté de votre greffier, sur les lieux contentieux, à l'enquête et contre-enquête, parties présentes ou dûment appelées, et ferez bien. »

Appointement conforme aux conclusions.

39. Dans les causes sujètes à l'appel, le greffier dressera procès-verbal de l'audition des témoins ; cet acte contiendra leurs noms,

âge, profession et demeure, leur serment de dire la vérité, leur déclaration s'ils sont parens, alliés, serviteurs ou domestiques des parties, et les reproches qui auraient été fournis contre eux. Lecture de ce procès-verbal sera faite à chaque témoin, pour la partie qui le concerne ; il signera sa déposition, ou mention sera faite qu'il ne le sait ou ne le peut ; il sera procédé immédiatement au jugement, ou au plus tard à la première audience.

40. Dans les causes de nature à être jugées en dernier ressort, il ne sera point dressé de procès-verbal ; mais le jugement annoncera les noms, âge, profession et demeure des témoins, leur serment, leur déclaration s'ils sont parens, alliés, serviteurs ou domestiques des parties, les reproches, et le résultat des dépositions.

Voyez la note 2, à la suite de l'art. 34.

Voyez, au surplus, pour la confection des enquêtes, le titre 12, liv. 2 de cette partie, et les notes à la suite.

TITRE VIII.

Des Visites des lieux, et des Appréciations.

41. Lorsqu'il s'agira, soit de constater l'état des lieux, soit d'apprécier la valeur des in-

demnités et dédommagemens demandés, le juge de paix ordonnera que le lieu contentieux sera visité par lui, en présence des témoins.

Si l'instance est faite pour poursuivre une indemnité, à raison d'un dégât commis dans l'héritage d'un propriétaire par son voisin, le premier peut faire ordonner à l'audience que le juge se transportera sur les lieux contentieux pour régler de son office l'indemnité prétendue par le demandeur ; et pour y parvenir, il formera un interlocutoire en ces termes :

Cejourd'hui (*exprimer l'année, le jour, l'heure et le lieu*), en notre audience, ont comparu volontairement les sieurs M.... et N..., lesquels nous ont priés et invités de nous transporter dans tel canton de cette commune, à l'effet de reconnaître et fixer l'indemnité que M.... prétend lui résulter du dégât commis par N..., en faisant passer une voiture sur son héritage qui était déblavé ; les chevaux dudit N.., qui n'étaient pas surveillés, s'étant jetés au travers de différentes poignées de blé qui n'étaient pas encore mises et liées en gerbes, en ont considérablement mangé, et endommagé avec leurs pieds. Le sieur N.. n'ayant pas contesté la vérité de l'exposé du sieur M..., et ayant persisté, comme le demandeur, à faire fixer l'indemnité qui pouvait résulter du dégât en question, nous nous sommes transporté sur-le-champ, accompagné de notre greffier et desdits M... et N...., sur les lieux contentieux.

En conséquence de notre transport sur les lieux contentieux, nous avons examiné, avec la plus scrupuleuse attention, le champ dudit M..., qui peut être de la contenance d'un are, tenant, etc., nous avons reconnu qu'il y avait eu des javelles répandues dans le champ, d'environ la longueur de 15 mètres, sur huit de largeur; que la plupart de ces javelles avaient été mangées par la dent des chevaux; qu'une autre partie avait été foulée aux pieds par lesdits chevaux; que l'empreinte de leurs fers était encore marquée sur la terre fraîche et arrosée par une pluie de la veille; que ce dommage a pu causer une perte d'environ deux décalitres de blé froment, que nous estimons être de la valeur de six francs trente centimes, suivant le taux des mercuriales, et nous avons condamné ledit N....., de son consentement, à la somme de six francs trente centimes, sans qu'il soit besoin de lever le présent jugement.

42. Si l'objet de la visite ou de l'appréciation exige des connaissances qui soient étrangères au juge, il ordonnera que les gens de l'art, qu'il nommera par le même jugement, feront la visite avec lui, et donneront leur avis; il pourra juger sur le lieu même, sans désemparer. Dans les causes sujètes à l'appel, procès-verbal de la visite sera dressé par le greffier, qui constatera le serment prêté par les experts. Le procès-verbal sera signé par le juge, par le greffier et par les experts; et si les experts ne savent ou ne peuvent signer, il en sera fait mention.

*Formule de préparatoire en expertise,
dans le cas où il est nécessaire de recourir
à des gens de l'art.*

Entre P. . . . *(Exprimer les nom, qualité
et demeure)*, demandeur par exploit de
l'huissier L. . ., du . . . ., dont les conclusions
tendent à ce que le défendeur ci-après nommé, soit tenu de boucher le petit fossé ou
rigole qu'il a pratiqué sur le bord de la rivière de . . . . qui arrose la prairie de ladite
commune ; laquelle rigole ledit défendeur a
pratiquée à huit mètres au-dessus de la pièce
du demandeur, ce qui lui cause un préjudice notable, parce que la rigole pratiquée
diminuant le volume de l'eau de la rivière,
nuit conséquemment à l'irrigation du pré du
demandeur, le condamner en outre en deux
cents francs de dommagés - intérêts et aux
dépens de l'instance ; duquel exploit le demandeur nous a représenté l'original dûment
enregistré ;

Contre le sieur M.... *(exprimer comme
dessus)* comparant en personne , d'autre
part;

Ledit sieur M. . . . ., ainsi qu'il comparé,
nous remontre que la prétention du sieur
P. . . . . est dépourvue de toute apparence
de justice et répugne aux principes établis

par le code civil. Il est certain que le défendeur, en pratiquant l'ouverture qu'il a faite
dans son pré pour y recevoir l'eau de la
rivière, n'a fait qu'user de la faculté réservée à tous les riverains, de faire une prise
d'eau dans la rivière qui borde leurs héritages pour les arroser ; qu'il est constant
que l'ouverture en question n'empêche pas
que l'eau de la rivière ne parvienne à l'héritage inférieur du demandeur, en quantité
et volume assez considérables pour y procurer un arrosement fructueux et utile, en par
le demandeur, faisant, pour parvenir à cette
irrigation, les petits ouvrages que font ses
autres voisins.

Par ces considérations, le sieur M.....
conclut à son renvoi des demandes, fins et
conclusions du demandeur.

Le sieur P...., répondant au plaidé du
défendeur, soutient que sa demande est bien
fondée ; que pour en reconnaître la légitimité, il est un préalable à observer dans
les circonstances de cette affaire : c'est de
nommer des experts qui reconnaîtront, à la
vue des lieux contentieux et du niveau de la
rivière, si l'ouverture pratiquée par le sieur
M..... peut nuire et préjudicier à l'héritage du demandeur; que pour répandre une
plus grande lumière sur l'opération des ex-

perts, il est à propos que nous nous transpor-
tions avec eux sur les mêmes héritages , pour
être leur rapport consigné dans le procès-
verbal qu'il nous plaira dresser s'il y échet ,
et dans lequel tous actes requis par les parties pourront leur être donnés par nous ,
ainsi qu'il appartiendra ; tous dommages-
intérêts et dépens réservés.

Le sieur P.... nous demande de plus acte
de la nomination qu'il fait du sieur K.....
pour son expert , avec invitation au défendeur d'en nommer un de sa part, sinon qu'il
en sera nommé par nous un d'office ; et s'est
soussigné.

Le sieur M..... a répondu qu'il ne s'opposait point à l'expérience ni au transport
demandé sur les lieux, et qu'il nommait de
sa part pour expert le sieur L......, avec
dispense aux experts de toute prestation de
serment et d'autres formalités de justice ; et
s'est soussigné.

Le demandeur dispense également les experts de toutes formalités de justice et de
toute prestation de serment ; et s'est soussigné.

Sur quoi appointant, nous ordonnons que
nous nous transporterons demain , heure
de..., avec les sieurs P..., M.... et les sieurs
K..., L..., experts respectivement nommés,

sur les lieux contentieux, sur la simple invitation qui sera faite auxdits experts tant par nous que par les parties, et sans qu'ils soient tenus de prêter serment ; disons que les experts reconnaîtront, à la vue des lieux contentieux et du niveau de la rivière, si l'ouverture faite par le sieur M..... dans son héritage au bord de la rivière, peut nuire à l'héritage inférieur du demandeur et en empêcher l'irrigation : de tout quoi lesdits experts s'expliqueront dans le procès-verbal qui sera par nous dressé, assisté de notre greffier et en présence des parties, qui auront la faculté de demander respectivement tous actes qu'elles croiront convenables à leurs intérêts.

Disons au surplus que les parties demeurent citées d'office à comparaître aux lieu, jour et heure indiqués, et ce de leur consentement.

Fait à..... etc.

Procès-Verbal du rapport des experts en présence du juge.

A....., juge de paix du canton de..., arrondissement de..., département de..., assisté de P..... notre greffier ; savoir faisons, que cejourd'hui.....

Nous nous sommes transportés avec les

Srs P...., M..., K...., L..., parties nommées dans notre jugement préparatoire du jour d'hier, et en exécution d'icelui, et les sieurs ....., nommés respectivement pour indicateurs, dans la prairie de la commune de...., à travers laquelle coule la rivière de...., située au nord ; et étant arrivés sur le bord de ladite rivière qui a son aspect au levant,

Le sieur P....., demandeur, nons a conduit, ainsi que les experts, dans la pièce de pré appartenante au sieur N..... ; il nous a fait remarquer l'ouverture pratiquée par ce dernier au bord de ladite rivière, et par laquelle l'eau entre et se répand dans ladite pièce de pré ; il nous prie d'inviter les experts à mesurer la profondeur et la largeur de ladite ouverture, et combien de décimètres cubes d'eau il peut entrer à la fois dans la rigole pratiquée par le sieur M.....

Les sieurs K.... et L....., en déférant à l'invitation que nous leur avons faite, ont mesuré lad. rigole, et nous ont rapporté qu'elle avait de profondeur un demi-mètre, et un quart de mètre de largeur ; qu'il pouvait passer à la fois soixante-huit millimètres cubes d'eau par ladite ouverture.

Les parties ne faisant aucune observation préalable à l'opération des experts, nous avons fait faire à ceux-ci par notre greffier

lecture du dispositif de notre jugement préparatoire ; et lesdits experts ayant pris des
notes pour être en état de remplir leur commission dans toutes ses parties, nous nous
sommes retirés avec notre greffier ; les
sieurs P..... et M..... s'étant retirés à la distance d'un demi - kilomètre pour laisser les
experts vaquer tranquillement à leur opération.

Une demi-heure s'étant écoulée, les sieurs
K..... et L..... sont venus nous rejoindre, et
se sont expliqués en ces termes, que nous
nous avons fait écrire par notre greffier :

Ledit K...., expert du demandeur, nous a
dit qu'après avoir scrupuleusement observé,
1°. ce que la rivière pouvait fournir d'eau ;
2°. le fossé fait par le défendeur; 3°. la quantité que ledit fossé pouvait recevoir pour l'irrigation du pré dont il s'agit, il pensait que
le sieur P...., demandeur, était mal fondé
dans sa prétention, parce que la rivière était
trop considérable, même pendant les plus
basses eaux, pour qu'un volume de soixante-
huit millimètres cubes d'eau qu'on en prend
par l'ouverture pratiquée dans le pré dudit
M....., pût influer de manière à empêcher
ledit P... de pouvoir arroser, comme bon lui
semble, son pré qui est bien au-dessous de
celui dudit M...;

Que d'ailleurs il n'avait aucun moyen à faire valoir pour conserver cet avantage;

Que l'art. 644 du code civil dit positivement que « celui dont la propriété borde une eau courante , autre que celle qui est déclarée dépendante du domaine public par l'article 538, peut s'en servir à son passage pour l'irrigation de ses propriétés :

« Celui dont cette eau traverse l'héritage, peut même en user dans l'intervalle qu'elle y parcourt , mais à la charge de la rendre , à la sortie de ses fonds, à son cours ordinaire. »

Que le sieur M.... était bien dans le cas de jouir du privilège que la loi lui accorde par cet article , puisque la situation de son pré se trouvait conforme à ce qui est requis par la loi;

Que la rivière n'était pas navigable, et que par cette raison elle ne dépendait pas du domaine public;

Qu'elle était assez considérable pour servir à l'irrigation de tous les propriétaires riverains, puisqu'elle fournissait de l'eau à quatre moulins contigus, situés deux cents mètres au-dessus;

Qu'il n'est point dans le cas , comme le dit l'art. 644 du code civil, de rendre l'eau à la sortie de son héritage, puisqu'il n'est que propriétaire riverain, et que la partie de cet article n'exige cette formalité que lorsque la rivière passe au milieu des fonds d'un propriétaire; cas auquel il peut détourner la rivière à sa volonté dans sa propriété, mais à la charge de la rendre à la sortie de ses fonds à son cours ordinaire;

Que c'était d'après ces circonstances qu'il persistait à soutenir que la demande du sieur P..... n'était nullement fondée.

Tels ont été ses dires, qu'il a déclaré sincères et véritables ; et s'est soussigné avec nous et notre greffier.

Ayant interpellé le sieur L...., expert du sieur N.., de s'expliquer sur les observations qu'il avait faites, il nous a dit

Qu'après un examen scrupuleux des lieux contentieux, il avait reconnu (et que cela se vérifiait par la seule inspection du local) que la quantité d'eau qui s'écoulait par la rigole pratiquée au-dessus du pré du sieur N..., était assez considérable pour en diminuer le volume, puisque depuis que ladite rigole a été faite, on s'aperçoit que le pré dudit N..... est bien moins arrosé que les années précédentes, et que par suite de cette privation d'arrosement suffisant, l'herbe est moins belle qu'elle l'était antérieurement ; ce qui a été assuré par tels et tels . . . , indicateurs , qui nous ont accompagnés dans nos opérations , et ce dont nous nous sommes aussi assurés par notre propre inspection.

Par ces considérations , il trouve la demande du sieur N..... juste et bien fondée.

Tels sont ses dires, qu'il a déclarés sincères et véritables; et s'est soussigné avec nou set notre greffier.

43. Dans les causes non sujètes à l'appel, il ne sera point dressé de procès-verbal ; mais le jugement énoncera les noms des experts, la prestation de leur serment , et le résultat de leur avis.

Nota. En ce cas, le juge retient seulement les notes de ce qu'il a vu et reconnu ; il en fait mention sommaire dans son jugement (*Voyez la Formule sous l'art. 35*).

TITRE IX.

De la Récusation des Juges de Paix.

44. Les juges de paix pourront être récusés, 1°. quand ils auront intérêt personnel à la contestation; 2°. quand ils seront parens ou alliés d'une des parties jusqu'au degré de cousin germain inclusivement ; 3°. si dans l'année qui a précédé la récusation, il y a eu procès criminel entre eux et l'une des parties ou leurs conjoints, ou leurs parens ou

alliés en ligne directe ; 4°. s'il y a procès civil existant entre eux et l'une des parties ou
leurs conjoints ; 5°. s'ils ont donné un avis
écrit dans l'affaire.

Voyez ce qui est dit sur la *récusation* au titre 21 ,
art. 378 et notes suivantes.

45. La partie qui voudra récuser un juge
de paix sera tenue de former la récusation,
et d'en exposer les motifs par un acte qu'elle
fera signifier, par le premier huissier requis,
au greffier de la justice de paix , qui visera
l'original. L'exploit sera signé , sur l'original
et la copie, par la partie ou son fondé de
pouvoir spécial. La copie sera déposée au
greffe , et communiquée immédiatement au
juge par le greffier.

FORMULE de récusation.

Le S.ʳ N.... *(exprimer les nom , prénom,
qualité et demeure)* remontre respectueusement à M...., juge de paix du canton de.. ,
arrondissement de....., au greffe de sa justice , qu'ayant une instance pendante par-
devant lui avec le sieur O...., dans laquelle
il s'agit de fixer les bornes d'un héritage situé à ....; que ledit sieur M.... a le plus
grand intérêt dans cette affaire, puisqu'après
la mort du sieur O.... qui n'est qu'usufruitier , l'héritage en question doit lui appar-

tenir, en exécution du testament fait par R...., sa cousine germaine (ou bien qu'il est cousin germain dudit O......); en conséquence ledit sieur N.... invite et prie M. M..... de s'abstenir de la connaissance de ladite affaire. Signé.....

Nota. Faire copie de cet acte, laquelle sera également signée par le récusant.

Le greffier vise l'original et la copie.

Si le récusant ne sait pas signer, son fondé de pouvoir signe pour lui l'original et la copie.

46. Le juge sera tenu de donner au bas de cet acte, dans le délai de deux jours, sa déclaration par écrit, portant ou son acquiescement à la récusation, ou son refus de s'abstenir, avec ses réponses aux moyens de récusation.

A la vue de la récusation, le juge de paix donne au bas de l'acte, sa déclaration qui, en cas d'adhésion, est conçue en ces termes :

« Je soussigné M...., juge de paix du canton de..., arrondissement de....., déclare qu'ayant pris lecture de la récusation ci-dessus, j'y adhère et je m'abstiens de la connaissance de l'affaire pendante en ce Tribunal, entre le sieur M.... et le sieur O.... Fait à ...., le....... »

Si, au contraire, le juge de paix prétend que la récusation n'est pas fondée, et veut persister à connaître de l'affaire, il s'explique ainsi :

« Je soussigné, etc. ayant pris communication de la récusation ci-dessus proposée contre moi par le sieur

N......., déclare que le motif de sa récusation n'est pas fondé ; qu'il est dans l'erreur en prétendant que j'ai intérêt à la cause, en alléguant qu'un jour l'héritage dont il s'agit, doit m'appartenir en exécution d'un testament fait par A......; que cette disposition ne me concerne en aucune manière, mais bien un sieur M......, demeurant à......, qui porte, il est vrai, mon nom, mais qui n'est pas mon parent ».

Ou bien : « Déclare que je ne suis point parent au sieur O..... au degré de cousin germain, pas même à celui d'issu de germain ; raison pour quoi je n'ai aucun motif raisonnable pour adhérer à la récusation proposée, et que je continuerai à prendre connaissance de l'affaire dont il s'agit. Fait à.... ».

47. Dans les trois jours de la réponse du juge qui refuse de s'abstenir, ou faute par lui de répondre, expédition de l'acte de récusation, et de la déclaration du juge, s'il y en a, sera envoyée par le greffier, sur la requisition de la partie la plus diligente, au procureur impérial près le tribunal de première instance dans le ressort duquel la justice de paix est située : la récusation y sera jugée en dernier ressort dans la huitaine, sur les conclusions du procureur impérial, sans qu'il soit besoin d'appeler les parties.

LIVRE SECOND.

DES TRIBUNAUX INFÉRIEURS.

TITRE PREMIER.

DE LA CONCILIATION.

48. Aucune demande principale introductive d'instance entre les parties capables de transiger, et sur des objets qui peuvent être la matière d'une transaction, ne sera reçue dans les tribunaux de première instance , que le défendeur n'ait été préalablement appelé en conciliation devant le juge de paix , ou que les parties n'y ayent volontairement comparu.

FORMULE de Procédure en Bureau de Conciliation.

A la requête du sieur ..... *(exprimer les nom, qualité et demeure)*, qui fait élection de domicile en sa maison de résidence audit lieu, j'ai, huissier *(exprimer les nom, immatricule, et n.º de la patente)*, commis par M. le juge de paix du canton de...., cité le sieur D....., propriétaire à ...., en son domicile, parlant à sa personne, à être et comparoir par-devant M. le juge de paix dudit canton de..., tel jour.., heure et tenue de son audience, pour se concilier, si faire se peut, sur la demande que ledit sieur..... entend lui former, à ce qu'il soit condamné à lui payer telle somme...., ou à faire telle chose, et ai audit sieur, parlant comme dessus, laissé copie de mon présent exploit.

FORMULE de Procès-verbal de Conciliation.

Cejourd'hui, etc. en notre domicile et par-devant nous M....., juge de paix du canton de...., assisté de notre greffier,

A comparu le sieur B...... *(exprimer comme dessus)*, lequel nous a représenté l'exploit de citation d'un tel jour ...., et a fait en conséquence citer par-devant nous en bureau de conciliation à ces présens jour, lieu et heure, le sieur D.... pour se concilier, s'il se peut, sur la demande qu'il est dans l'intention de lui former, et qui tend à, etc.

Nous priant, dans le cas où ledit sieur D.... ne comparaîtrait pas ou qu'il ne serait pas représenté par un fondé de pouvoir, de donner à lui remontrant acte de ses diligences et défaut contre le sieur D....., et s'est ledit B.... soussigné.

A l'instant le sieur Q...., fondé de pouvoir du sieur D....., par acte sous seing privé signé par ledit sieur D..., dûment enregistré, lequel acte restera annexé au présent procès-verbal, nous a représenté que la demande du sieur B.... n'est point fondée, que le sieur D.... ne lui doit absolument rien (ou bien qu'il n'a aucun droit sur l'héritage dont il demande le relâchement, puisqu'il lui a été transmis par ses parens, et qu'il peut exciper d'une possession trentenaire); qu'il est évident que le sieur D.... doit obtenir son renvoi des demandes, fins et conclusions du sieur B...., si celui-ci a la témérité de le traduire au Tribunal de première instance; et s'est ledit sieur Q...... soussigné.

Sur quoi nous, juge de paix susdit, après avoir inutilement tenté de concilier les parties, les avons renvoyées à se pourvoir ainsi qu'elles aviseront.

Fait à ....

49. Sont dispensés du préliminaire de la conciliation, 1.º les demandes qui intéressent l'état et le domaine, les communes, les établissemens publics, les mineurs, les interdits, les curateurs aux successions vacantes ;

2.º Les demandes qui requièrent célérité ;

3.º Les demandes en intervention ou en garantie ;

4.º Les demandes en matière de commerce ;

5.º Les demandes de mise en liberté, en main-levée de saisie, en opposition, en paiement de loyers, fermages et arrérages de rentes ou pensions ; celles des avoués en paiement des frais ;

6.º Les demandes formées contre plus de deux parties, encore qu'elles ayent le même intérêt ;

7.º Les demandes en vérification d'écriture, en désaveu, en règlement de juges, en renvoi en prise à partie ; les demandes contre un tiers saisi, et en général sur les saisies, sur les offres réelles, sur la remise des titres, sur leur communication, sur les séparations de biens, sur les tutelles et curatelles, et enfin toutes les causes exceptées par les lois.

50. Le défendeur sera cité en conciliation,

1.º En matière personnelle et réelle, devant le juge de paix de son domicile ; s'il y a deux défendeurs, devant le juge de l'un d'eux, au choix du demandeur ;

2.º En matière de société autre que celle de commerce, tant qu'elle existe, devant le juge du lieu où elle est établie ;

3.º En matière de succession, sur les demandes entre héritiers, jusqu'au partage inclusivement ; sur les demandes qui seraient intentées par les créanciers du défunt avant

le partage ; sur les demandes relatives à l'exécution des dispositions à cause de mort , jusqu'au jugement définitif , devant le juge de
paix du lieu où la succession est ouverte.

51. Le délai de la citation sera *de trois
jours au moins* (1).

52. La procuration sera donnée par un
huissier de la justice de paix du défendeur ;
elle énoncera sommairement l'objet de la
conciliation.

Voy. art. 48 , à la note.

53. Les parties comparaîtront en personne ; en cas d'empêchement , par un fondé de
pouvoir.

*Formule de Procuration pour paraître en
Bureau de Conciliation.*

Je soussigné N..... *(exprimer les nom ,
qualité et demeure)* donne par cette pouvoir à M. C...... de paraître pour moi
par-devant M. le juge de paix du canton

____

(1) **Dans** les délais des citations et des procédures
ne seront compris les jours des significations des
exploits et actes , ni les jours auxquels écherront les
citations ou assignations ; c'est ce qu'on exprime ordinairement par cette maxime de droit : *Dies ter-
mini non computantur in termino.* Voyez art. 6 ,
tit. 3 , note 1.re de l'ordonnance de 1667 , et l'art.
1033 du présent code.

de......, arrondissement de....., en bureau de conciliation, sur la citation qui m'a été donnée à la requête du sieur D...., et de répondre, que la demande dudit sieur est mal fondée (par telles et telles raisons); donnant néanmoins pouvoir au sieur C... de se concilier, si faire se peut, sur ladite demande, traiter et transiger, approuvant et ratifiant tout ce qui sera fait à cet égard par mondit sieur procureur fondé.

Fait à........

Nota. Faire enregistrer cette procuration.

54. Lors de la comparution, le demandeur pourra expliquer, même augmenter sa demande, et le défendeur former celles qu'il jugera convenables ; le procès-verbal qui en sera dressé, contiendra les conditions de l'arrangement, s'il y en a ; dans le cas contraire, il fera formellement mention que les parties n'ont pu s'accorder.

Les conventions des parties insérées au procès-verbal, ont force d'obligation privée.

55. Si l'une des parties défère le *serment à l'autre* (1), le juge de paix le recevra

____

(1) Le serment judiciaire (suivant l'art. 1357 du code civil) est de deux espèces, 1°. celui qu'une partie défère à l'autre, pour en faire dépendre le jugement de la cause ; il est appelé *décisoire* ;

2°. Celui qui est déféré d'office par le juge, à l'une

ou fera mention du *refus de le prêter.*

56. Celle des parties qui ne comparaîtra pas, sera condamnée à une amende de dix francs, et toute audience lui sera refusée, jusqu'à ce qu'elle ait justifié de la quittance.

57. La citation en conciliation interrompera la prescription, et fera courir les intérêts, le tout, pourvu que la demande soit formée dans le mois, à dater du jour de la non-comparution ou de la non-conciliation.

Voy. l'art. 2244 du code civil, et suiv.

58. En cas de non-comparution de l'une des parties, il en sera fait mention sur le registre du greffe de la justice de paix, et sur l'original ou la copie de la citation, sans qu'il soit besoin de dresser procès-verbal.

TITRE II.

Des Ajournemens.

Le mot Ajournement est pris ici pour l'Assignation, ou Citation à jour marqué ; car citer est la même chose qu'ajourner. *Voyez la définition que nous en avons donnée au titre Ier. du livre Ier.*

59. En matière personnelle, le défendeur sera assigné devant le tribunal de son do-

---

ou à l'autre des parties. *Voyez les art. 1358 et suiv. du code civil.*

micile (1); s'il n'a pas de domicile, devant celui de sa résidence;

---

(1) C'est-à-dire, au domicile réel et véritable; ainsi un exploit donné au fermier d'une terre, pour une action qui regarde *le propriétaire de cette terre*, ne serait pas valable si le propriétaire n'y a pas son domicile. Ainsi jugé par arrêt du...... 1657, rapporté par Basset en ses Arrêts, partie 1.re, liv. 2, titre 38, chap. 2.

Il ne faut pas confondre le *domicile* avec la *résidence*; on peut être résident dans un lieu sans y avoir son domicile. Le *domicile* est le lieu où l'on habite, et où l'on a établi sa demeure ordinaire et permanente : *Domicilium est locus in quo quis sedem posuit, laremque et summam rerum suarum* (Loi 7 , cod. *de INCOLIS*), au lieu que la *résidence* s'entend d'un lieu où l'on fait une demeure habituelle. Voyez pour ce qui concerne le domicile, le titre 3 du code civil, art. 162, et suivans. Voyez encore, sur l'article du domicile, les conclusions du procureur-général impérial MERLIN, à la Cour de Cassation, dans un arrêt rendu dans l'affaire du sieur *Mac-Mahon*, le 22 mars 1806, p. 2:5, collection de Sirey.

Quelques-uns entendent par le domicile de l'ajourné, non-seulement le domicile véritable, mais encore le domicile qu'il a élu par le contrat pour raison duquel on l'assigne, quand même il ne serait pas porté expressément par le contrat que toutes assignations données à ce domicile élu seraient aussi valables que celles données au véritable domicile : c'est ainsi que le pense M. *de Héricourt*, en son traité

S'il y a plusieurs défendeurs, devant le tribunal du domicile de l'un d'eux, au choix du demandeur;

En matière réelle, devant le tribunal de la situation de l'objet litigieux;

En matière mixte, devant le juge de la situation, ou devant le juge du domicile du défendeur;

En matière de société, tant qu'elle existe, devant le juge du lieu où elle est établie;

En matière de succession, 1°. sur les demandes entre héritiers, jusqu'au partage inclusivement; 2°. sur les demandes qui seraient intentées par des créanciers du défunt avant le partage; 3°. Sur les demandes relatives à l'exécution des dispositions à cause de mort, jusqu'au jugement définif, devant le tribunal du lieu où la succession est ouverte;

En matière de faillite, devant le juge du domicile du failli; en matière de garantie, devant le juge où la demande originaire sera pendante;

Enfin, en cas d'élection de domicile pour l'exécution d'un acte, devant le tribunal du domicile élu, ou devant le tribunal du domi-

---

de la *vente des immeubles par décret*, chap. **6**, note **5**, page 89, édition 1727.

Voyez les notes faites sous l'art. 68.

cile réel du défendeur conformément à l'art. 111 du code civil.

60. Les demandes formées pour frais par les officiers ministériels seront portées au tribunal où les frais ont été faits.

61. L'exploit d'ajournement contiendra, 1°. la date des jour, mois et an, les noms, profession et domicile du demandeur, la constitution de l'avoué qui occupera pour lui, et chez lequel l'élection de domicile sera de droit, à moins d'une élection contraire par le même exploit;

2.º Les noms, demeure et immatricule de l'huissier; les noms et demeure du défendeur, et mention de la personne à laquelle copie de l'exploit sera laissé (1);

3.º L'objet de la demande, l'exposé sommaire des moyens (2);

---

(1) Voyez ce qui est dit sous l'art. 1er.

(2) C'est-à-dire, qu'il contiendra les conclusions, et sommairement les moyens de la demande; c'est ce que l'on appelait le *libelle* de l'exploit. Une assignation ou un ajournement est libellé quand la demande s'y trouve expliquée; le code judiciaire veut qu'on y ajoute sommairement les moyens, afin que la partie assignée sache pour quoi elle est citée en justice, et qu'elle puisse en conséquence, ou se défendre ou consentir à ce qui lui est demandé. Voyez la loi 1.re, ff. *de edendo*.

4°. L'indication du tribunal qui doit connaître de la demande, et du délai pour comparaître; le tout à peine de nullité.

FORMULE d'Exploit d'Ajournement au Tribunal de première instance.

L'an, etc. à la requête du sieur G..... propriétaire, demeurant à..., qui fait élection de domicile en l'étude du sieur N...., avoué près le Tribunal de première instance à..., qu'il constitue pour le sien, j'ai C.... M...., huissier audiencier au Tribunal de première instance de...., y demeurant, rue de...., reçu et immatriculé aud. Tribunal, et patenté sous le n.° 48, donné assignation au sieur *J. Milanvois*, vigneron à...., où je me suis exprès rendu, distant de ma demeure d'un kilomètre, à être et comparoir par-devant MM. les juges du Tribunal de première instance de l'arrondissement de.., en leur auditoire, heure et tenue d'audience, dans le délai de huitaine franche qui écherra le...., pour répondre et procéder sur ce que le requérant expose qu'il lui appartient un héritage de la contenance d'un demi - hectare en nature de terre labourable, situé sur le finage de..., tenant de levant, etc. de midi à..., de nord à.... et de couchant audit sieur *J. Milanvois* qui possède une pièce de vigne d'environ dix centiares ; que ledit sieur *Mi-lanvois*, abusant du voisinage, a fait sur l'héritage du requérant une usurpation d'environ deux centiares, sur lequel terrain usurpé il a planté une haie vive il y a environ quinze mois ; que cette usurpation ne peut être plus long-temps tolérée ; que pour légitimer sa demande, le requérant se prévaut d'un titre qui remonte à l'an 1.er de la république, contenant vente faite à son profit de ladite pièce d'un demi-hectare par le sieur B...., propriétaire, demeurant à... , par acte reçu S.... et son confrère, notaires en ladite ville, le..., dûment enregistré au bureau de ladite ville ; qu'indépendamment de ce que le sieur *Milanvois* doit être condamné à relâcher le terrain par lui usurpé, il doit supporter des dommages-intérêts pour tenir lieu au requérant de la privation des fruits qu'il a éprouvée et qu'il éprouvera, jusqu'après la pleine et entière restitution du terrain ;

En conséquence ledit sieur *Milanvois* se voir condamner à rendre et restituer le terrain usurpé, avec dommages-intérêts tels qu'ils seront estimés par experts amiablement choisis ou nommés d'office, même un tiers s'il y échet, et en outre condamné aux dépens de l'instance ; le jugement à intervenir exécutoire par provision à la forme de la loi :

pour à quoi parvenir, j'ai, huissier susdit, au domicile dudit sieur *Milanvois*, parlant à sa personne, donné copie en tête de mon présent exploit, tant de l'acte reçu S..., notaire à . . ., le...., que du procès-verbal de conciliation dressé par le juge de paix de... , etc.

A l'instant le sieur *Milanvois* m'a demandé acte de sa réponse, qui est que l'héritage en nature de vigne, au bout duquel il a planté une haie vive, ne lui appartient pas ; qu'il n'en est que le fermier par bail reçu D...., notaire à..., à lui passé par..., ce dont il justifiera en temps et lieu ; et a signé sa réponse tant sur l'original que la copie de mon présent exploit, laquelle copie je lui ai laissée, parlant comme dessus.

62. Dans le cas du transport d'un huissier, il ne lui sera payé pour tous frais de déplacement qu'une journée au plus.

Voyez la formule ci-dessus où le transport et la distance sont énoncés.

63. Aucun exploit ne sera donné un jour de fête légale, si ce n'est en vertu de permission du président du tribunal.

64. En matière réelle ou mixte, les exploits énonceront la nature de l'héritage, la commune, et autant qu'il est possible, la partie de la commune où il est situé, et deux au moins des tenans et aboutissans ; s'il s'agit d'un do-

maine, corps de ferme ou métairie, il suffira d'en désigner le nom et la situation.

Voy. la formule sous l'art. 61.

65. Il sera donné, avec l'exploit, copie du procès-verbal de non-conciliation, ou copie de la mention de non-comparution, à peine de nullité : il sera aussi donné copie des pièces ou de la partie des pièces sur lesquelles la demande est fondée ; à défaut de ces copies, celles que le demandeur sera tenu de donner dans le cours de l'instance, n'entreront point en taxe.

Nota. Lorsqu'un Tribunal de première instance statue sur une appellation d'un jugement rendu par un juge de paix, l'appelant conclut en ces termes : « *A ce qu'il plaise au Tribunal, dire qu'il a été mal jugé, bien appelé, réformant, et faisant ce qui aurait dû être fait, ordonner (ou condamner) etc. condamner en outre l'intimé aux dépens des causes principales et d'appel.* »

L'intimé, de son côté, conclut : *à ce qu'il plaise au Tribunal dire qu'il a été bien jugé, mal et sans griefs appelé, ordonner que ce dont est appel sortira son plein et entier effet, et condamner l'appelant aux dépens de la cause d'appel.*

Lorsque le jugement dont est appel contient plusieurs dispositions, et qu'il n'y en a qu'une seule qui fasse grief, l'appellant peut restreindre son appellation, *en concluant à ce qu'il plaise au Tribunal, dire qu'il a été mal jugé, en ce que, par telle disposition, il a été dit, etc. bien appelé, réformant et faisant ce qui aurait dû être fait, ordonner (ou condamner l'intimé à faire telle chose*) . . . . . . , *le condamner en outre, aux dépens des causes principales et d'appel concernant cette disposition.*

66. L'huissier ne pourra instrumenter pour ses parens et alliés, et ceux de sa femme, en ligne directe à l'infini, ni pour ses parens et alliés collatéraux jusqu'au degré de cousin germain inclusivement; le tout à peine de nullité.

67. Les huissiers seront tenus de mettre à la fin de l'original et de la copie de l'exploit le coût d'icelui, à peine de 5 fr. d'amende payables à l'instant de l'enregistrement.

68. Tous exploits seront faits *à personne ou domicile* (1); mais si l'huissier ne trouve

____

(1) Voyez la note sous l'art. 59. Quoiqu'en général il soit vrai de dire que les mineurs et les femmes mariées n'ont point d'autre domicile que celui de leur tuteur, curateur ou mari, néanmoins cela n'a lieu que pour les effets ordinaires du domicile, et pour déterminer la juridiction à laquelle on doit faire assigner ces sortes de personnes; mais si le mineur est émancipé, ou s'il exerce un commerce ou une profession, ou si la femme est séparée et qu'ils ayent une demeure ou résidence différente de celle de leur curateur ou mari, il faudra les y assigner, c'est-à-dire, donner l'exploit d'assignation au lieu de leur résidence, et non au domicile de leur curateur ou mari.

Si le mineur a deux tuteurs, l'un honoraire et l'autre onéraire, c'est toujours au domicile du tuteur hono-

au domicile ni la partie, ni aucun de ses parens ou serviteurs, il remettra de suite la copie à un voisin, qui signera l'original. Si ce voisin ne peut ou ne veut signer, l'huissier remettra de suite la copie au maire ou adjoint de la commune, lequel visera l'original sans frais : l'huissier fera mention du tout, tant sur l'original que sur la copie.

69. Seront assignés,

1.º L'*État*, lorsqu'il s'agit des domaines et droits nationaux, en la personne ou au domicile du préfet du département où siège

---

raire que l'assignation doit être donnée au mineur, parce que le tuteur onéraire est donné....... *rei, et non personæ.*

Lorsque le mineur n'est point émancipé, c'est le tuteur même qui doit être assigné, et non le mineur, *quia minor non habet l. gitimam personam standi in judicio* ; il en est de même d'un interdit.

Si le mineur est émancipé, il faut l'assigner conjointement avec son curateur, chacun par un exploit séparé, et cette assignation au curateur pour assister son mineur au jugement, est nécessaire à peine de nullité. Ainsi jugé par arrêt du parlement de Provence, du 30 mars 1713.

La femme étant sous puissance de mari, ne peut être assignée que conjointement avec lui, et par un seul et même exploit ; si le mineur n'a point de tuteur, il faut, avant toutes choses, lui en faire créer un.

le tribunal devant lequel doit être portée la demande en première instance ;

2.º Le trésor public , en la personne ou au bureau de l'agent ;

3.º Les administrations ou établissemens publics , en leurs bureaux dans le lieu où réside le siège de l'administration : dans les autres lieux, en la personne et au bureau de leur préposé ;

4.º L'Empereur pour ses domaines , en la personne du procureur impérial de l'arrondissement ;

5.º Les communes , en la personne ou au domicile du maire ; et à Paris , en la personne ou au domicile du préfet;

Dans les cas ci-dessus , l'original sera visé de celui à qui copie de l'exploit sera laissée ; en cas d'absence ou de refus , le visa sera dressé , soit par le juge de paix , soit par le procureur impérial près le tribunal de première instance , auquel, en ce cas, la copie sera laissée ;

6.º Les sociétés de commerce , tant qu'elles existent , en leurs maisons sociales ; et s'il n'y en a pas , en la personne ou au domicile de l'un des associés ;

7.º Les unions et directions de créanciers , en la personne ou au domicile de l'un des syndics ou directeurs ;

8.º Ceux qui n'ont aucun domicile connu en France, au lieu de leur résidence actuelle : si le lieu n'est pas connu, l'exploit sera affiché à la principale porte de l'auditoire du tribunal où la demande est portée ; une seconde copie sera donnée au procureur impérial, lequel visera l'original ;

9.º Ceux qui habitent le territoire français hors du continent et ceux qui sont établis chez l'étranger, au domicile du procureur impérial près le tribunal où sera portée la demande, lequel visera l'original, et enverra la copie, pour les premiers, au ministre de la marine, et pour les seconds, à celui des relations extérieures.

70. Ce qui est prescrit par les deux articles précédens sera observé, à peine de nullité.

71. Si un exploit est déclaré nul par le fait de l'huissier, il pourra être condamné aux frais de l'exploit et de la procédure annullée, sans préjudice des dommages et intérêts de la partie, suivant les circonstances.

72. Le délai ordinaire des ajournemens, pour ceux qui sont domiciliés en France, sera de huitaine.

Dans les cas qui requerront célérité, le président pourra, par ordonnance rendue sur requête, permettre d'assigner à bref délai.

Nota. La requête adressée au président du Tribunal pour assigner à bref délai, les faits, les motifs d'urgence, et les conclusions de la requête, tendent à ce qu'il soit permis d'assigner extraordinairement à jour et heure fixes.

73. Si celui qui est assigné demeure hors de la France continentale, le délai sera,

1.º Pour ceux demeurant en Corse, dans l'Isle d'Elbe, ou de Capraya, en Angleterre, et dans les états limitrophes de la France, de deux mois ;

2.º Pour ceux demeurant dans les autres états de l'Europe, de quatre mois ;

3.º Pour ceux demeurant hors d'Europe, en deçà du cap de Bonne-Espérance, de six mois ;

Et pour ceux demeurant au-delà, d'un an.

74. Lorsqu'une assignation à une partie domiciliée hors de la France sera donnée à sa personne en France, elle n'emportera que les délais ordinaires, sauf au tribunal à les prolonger, s'il y a lieu.

TITRE III.

Constitution d'Avoués, et Défenses.

CONSTITUTION d'avoué, est un acte, par lequel un avoué déclare à l'avoué de la partie adverse qu'il occupera pour celui qui le constitue.

75. Le défendeur sera tenu, dans les délais de l'ajournement, de constituer avoué ;

ce qui se fera par acte signifié d'avoué à avoué : le défendeur ni le demandeur ne pourront révoquer leur avoué sans en constituer un autre. Les procédures faites et jugemens obtenus contre l'avoué révoqué, et non remplacé, seront valables.

FORMULE de Constitution d'Avoué.

Le sieur R...., défendeur (*exprimer les nom, qualité et demeure*), et assigné par exploit de...., déclare au sieur T...., avoué du sieur O..., demandeur, que pour répondre à l'assignation qui lui a été donnée, il constitue pour son avoué le sieur N...., auquel il est interpellé de s'adresser pour tous les actes de procédure, sous toutes réserves de droit.

FORMULE de Révocation.

Le sieur R...., etc. déclare au sieur T...., avoué du sieur O...., demandeur dans l'instance pendante entre eux au Tribunal de première instance de l'arrondissement de Dijon, qu'au lieu et place du sieur N...., il constitue le sieur Z...., avoué près le Tribunal de première instance, pour le sien, auquel il est interpellé de s'adresser, etc.

Nota. Le demandeur ainsi que le défendeur doivent se présenter sur les assignations données aux Tribunaux tant de première instance que d'appel, à la forme de la loi concernant l'enregistrement des actes ;

il ne suffit donc pas que le défendeur demande,
comme le dit l'article ci-dessus, acte de sa constitution d'avoué; mais il doit encore demander acte de
sa présentation, avec soumission de le faire enregistrer
dans le jour; la présentation peut se faire en ces
termes :

FORMULE de Présentation.

Le sieur N...., avoué près le Tribunal de
première instance de..., se présente pour le
sieur R...., défendeur (*exprimer les nom,
qualité et demeure*), assigné par exploit de
...., enregistré à...., d'une part;

Contre le sieur O...., demandeur, par le
susdit exploit, d'autre part.

Nota. Il est à propos que l'avoué qui se présente
(lorsque c'est le défendeur), énonce qu'il se présente
à toutes fins et sous toutes réserves, pour écarter
toutes les fins de non-recevoir qu'on pourrait lui
opposer, et notamment celles de l'incompétence.

76. Si la demande a été formée à bref
délai, le défendeur pourra, au jour de l'é-
chéance, faire présenter à l'audience un
avoué, auquel il sera donné acte de sa constitution ; ce jugement ne sera point levé.
L'avoué sera tenu de réitérer dans le jour
sa constitution par acte ; faute par lui de le
faire, le jugement sera levé à ses frais.

Nota. Cela s'est pratiqué constamment au Tribunal de première instance, à Dijon, long-temps avant
l'émission du code judiciaire.

77. Dans la quinzaine du jour de la cons-

titution , le défendeur fera signifier ses défenses signées de son avoué ; elles contiendront offres *de communiquer les pièces à*
l'appui (1) *, ou à l'amiable, d'avoué à avoué ,*
ou par la voie du greffe (2).

---

(1) La communication des pièces est la signification des pièces et actes que les avoués des parties se
font : ainsi, donner communication des pièces, c'est
en donner copie.

Celui qui établit sa demande, ou son exception sur
un acte, doit le communiquer ; ainsi les parties sont
obligées de donner copie de toutes les pièces, actes
ou titres , tant publics que privés, dont ils prétendent
se servir l'un contre l'autre dans leurs procès, tant
en défendant qu'en demandant ; car il ne suffit pas
d'alléguer en justice quelque chose , il faut la prouver.

Celui qui veut tirer quelqu'avantage d'un acte ,
doit donc le communiquer, autrement le juge n'y
aurait aucun égard ; cela a été ainsi introduit pour
éviter les surprises, et afin que la partie adverse puisse
fournir des contredits :

Nimirùm ut pars adversa dubitare non possit, ad
quid sit ei respondendum , vel an cedere, an con-
tendere debeat.

(2) La communication des pièces au greffe, est celle
qui se fait en conséquence de la réquisition que l'une
ou l'autre des parties en fait, ou dans le cas d'inscription de faux.

Il arrive souvent qu'une partie à qui on a donné
la copie d'un acte , souhaite d'en examiner l'original ;
auquel cas , son avoué le signifie à l'avoué de la partie

78. Dans la huitaine suivante, le deman_
deur fera signifier sa réponse aux défenses.

79. Si le défendeur n'a point fourni ses
défenses dans le délai de quinzaine, le demandeur poursuivra l'audience sur un simple
acte d'avoué à avoué.

80. Après l'expiration du délai accordé au
demandeur pour faire signifier sa réponse,
la partie la plus diligente pourra poursuivre
l'audience sur un simple acte d'avoué à
avoué : pourra même le demandeur poursuivre l'audience après la signification des
défenses, et sans y répondre.

81. Aucunes autres écritures ni significations n'entreront en taxe.

82. Dans tous les cas où l'audience peut
être poursuivie sur un acte d'avoué à avoué,
il n'en sera admis en taxe qu'un seul pour
chaque partie.

TITRE IV.

De la Communication au Ministère public.

83. Seront communiquées au procureur
impérial les causes concernant,

---

adverse, lequel met la pièce au greffe, avec un acte de
communication au bas duquel le greffier s'en charge,
et l'avoué de la partie adverse prend la pièce en communication, et s'en charge envers le greffier. Cela
se pratique ainsi dans les Tribunaux. *Voyez les art.*
188, 189 et suiv.

1.º L'ordre public, l'État, le domaine, les communes, les établissemens publics, les dons et legs au profit des pauvres;

2.º L'état des personnes et les tutelles;

3.º Les déclinatoires sur incompétence;

4.º Les règlemens de juge, les récusations et renvois pour parenté et alliances;

5.º Les causes en prise à partie;

6.º Les causes des femmes non autorisées par leur mari, ou même autorisées, lorsqu'il s'agit de leur dot et qu'elles sont mariées sous le régime dotal; les causes des mineurs, et généralement toutes celles où l'une des parties est défendue par un curateur;

7.º Les causes concernant ou intéressant les personnes présumées absentes;

8.º Le procureur impérial pourra néanmoins prendre communication de toutes les autres causes dans lesquelles il croira son ministère nécessaire; le tribunal pourra même l'ordonner d'office.

84. En cas d'absence ou d'empêchement des procureurs impériaux et de leurs substituts, ils seront remplacés par l'un des juges ou suppléans.

TITRE V.

Des Audiences, de leur Publicité et de leur Police.

85. Pourront les parties, assistées de leurs

avoués , se défendre elles-mêmes ; le tribunal cependant aura la faculté de leur interdire ce droit, s'il reconnaît que la passion ou l'inexpérience les empêche de discuter leur cause avec la décence convenable ou la clarté nécessaire pour l'instruction des juges.

86. Les parties ne pourront charger de leur défense, soit verbale, soit par écrit, même à titre de consultation, les juges en activité de service , procureurs-généraux , procureurs impériaux , leurs substituts, même dans les tribunaux autres que ceux près desquels ils exercent leurs fonctions. Pourront néanmoins les juges , procureurs-généraux , procureurs impériaux et leurs substituts , plaider dans tous les tribunaux leurs causes personnelles et celles de leurs femmes, parens ou alliés en ligne directe , et de leurs pupilles.

87. Les plaidoiries seront publiques , excepté dans les cas où la loi ordonne qu'elles seront *secrètes* (1) ; pourra cependant le tribunal ordonner qu'elles se feront à huis clos , si la discussion publique devait entraîner du scandale ou des inconvéniens graves ; mais, dans ce cas, le tribunal sera tenu d'en délibérer et de rendre compte de sa délibération

____

(1) Comme dans le cas de l'instruction du divorce.

au procureur-général impérial près la cour d'appel ; et si la cause est pendante au tribunal d'appel, au grand-juge ministre de la justice.

88. Ceux qui assisteront aux audiences se tiendront découverts, dans le respect et le silence : tout ce que le président ordonnera pour le maintien de l'ordre, sera exécuté ponctuellement et à l'instant.

La même disposition sera observée dans les lieux où, soit les juges, soit les procureurs impériaux, exerceront les fonctions de leur état.

89. Si un ou plusieurs individus, quels qu'ils soient, interrompent le silence, donnent des signes d'approbation ou d'improbation, soit à la défense des parties, soit aux discours des juges ou du ministère public, soit aux interpellations, avertissemens ou ordres des président, juge-commissaire ou procureurs impériaux, soit aux jugemens ou ordonnances, causent ou excitent du tumulte de quelque manière que ce soit ; et si, après l'avertissement des huissiers, ils ne rentrent pas dans l'ordre sur-le-champ, il leur sera enjoint de se retirer, et les résistans seront saisis et déposés à l'instant dans la maison d'arrêt pour vingt-quatre heures ; ils y seront reçus sur l'exhibition de l'ordre du

président, qui sera mentionné au procès-verbal de l'audience.

90. Si le trouble est causé par un individu remplissant une fonction près le tribunal, il pourra, outre la peine ci-dessus, être suspendu de ses fonctions : la suspension, pour la première fois, ne pourra excéder le terme de trois mois. Le jugement sera exécutoire par provision, ainsi que dans le cas de l'article précédent.

91. Ceux qui outrageraient ou menaceraient les juges, ou les greffiers de justice, dans l'exercice de leurs fonctions, seront, de l'ordonnance du président, juge-commissaire ou du procureur impérial, chacun dans le lieu où la police lui appartient, saisis et déposés à l'instant dans la maison d'arrêt, interrogés dans les vingt-quatre heures, et condamnés par le tribunal, sur le vu du procès-verbal qui constatera le délit, à une détention qui ne pourra excéder le mois, et à une amende qui ne pourra être moindre de vingt-cinq francs, ni excéder trois cents francs.

Si le délinquant ne peut être saisi à l'instant, le tribunal prononcera contre lui, dans les vingt-quatre heures, les peines ci-dessus, sauf l'opposition que le condamné pourra

former dans les dix jours du jugement, en se mettant en état de détention.

92. Si les délits commis méritaient peine afflictive ou infamante, le prévenu sera envoyé en état de mandat de dépôt devant le tribunal compétent, pour être poursuivi et puni suivant les règles établies par le code criminel.

TITRE VI.

Des Délibérés et Instructions par écrit.

Un *délibéré* est un jugement rendu après la plaidoirie de deux parties, par lequel la Cour, au lieu d'appointer une cause en procès par écrit, ordonne qu'avant faire droit sur l'affaire qui a été plaidée, il en sera délibéré pour la discuter plus amplement, sur-le-champ, ou dans un temps déterminé.

93. Le tribunal pourra ordonner que les pièces seront mises sur le bureau, pour en être délibéré au rapport d'un juge nommé par le jugement, avec indication du jour auquel le rapport sera fait.

94. Les parties et leurs défenseurs seront tenus d'exécuter le jugement qui ordonnera le délibéré, sans qu'il soit besoin de le lever ni signifier, et sans sommation : si l'une des parties ne remet point ses pièces, la cause sera jugée sur les pièces de l'autre.

Formule de Délibéré.

Entre, etc. Parties ouïes par le ministère

de leurs avoués, et ouï de vive voix lesdites parties; savoir le sieur N...., demandeur, lequel a observé que, etc........, et nous a supplié d'interpeller le sieur O...., défendeur, de déclarer si les faits qu'il vient d'exposer ne sont pas conformes à la plus exacte vérité, et s'il n'a point assisté à telle opération qui s'est faite un tel jour.

L'interpellation faite au sieur O...., il a déclaré que les faits avancés par le demandeur n'étaient pas exacts, que les choses s'étaient passées de telle et telle manière, et qu'il offrait surabondamment d'en faire la preuve testimoniale.

Le Tribunal ordonne que les pièces seront mises présentement sur le bureau pour en être délibéré, et le jugement, sur le rapport de M. B...., prononcé à l'audience de....

Nota. 1°. Cette audience doit être tenue trois jours après le jugement qui ordonne que les pièces seront mises sur le bureau.

Nota. 2°. Les juges ordonnent souvent qu'il sera délibéré présentement sur le registre, ou fait retirer l'audience, et après que les juges ont opiné, on appelle de nouveau l'audience, et on prononce le le jugement.

95. Si une affaire ne paraît pas susceptible d'être jugée sur plaidoirie ou délibéré, le tribunal ordonnera qu'elle sera instruite par

écrit, pour en être fait rapport par l'un des juges nommé par le jugement.

Aucune cause ne peut être mise en rapport qu'à l'audience et à la pluralité des voix.

Formule de Sentence qui ordonne que l'instruction se fera par écrit (ou que les parties demeurent appointées à écrire et produire, ou en droit).

Entre N...., demandeur par exploit du..., dûment enregistré, comparant par le ministère de M..., son avocat, et assisté de O...., son avoué, d'une part ;

Contre le sieur M...., défendeur et assigné par le susdit exploit, comparant par tel, son avocat, et par tel, son avoué ;

Et entre ledit M...., demandeur par requête du...., à ce que, etc ;

Contre ledit N...., défendeur ;

Et entre N...., demandeur par requête du ..., tendante à ce que, etc ;

Contre ledit M...., défendeur :

Parties ouïes, ainsi qu'elles comparent par le ministère de.. etc., le Tribunal ordonne que pour leur être fait droit, elles feront l'instruction du procès par écrit, et que M. tel est nommé pour rapporteur.

96. Dans la quinzaine de la signification du jugement, le demandeur fera signifier

une requête contenant ses moyens ; elle sera terminée par un état des pièces produites au soutien.

Le demandeur sera tenu , dans les vingt-quatre heures qui suivront cette signification, de produire au greffe et de faire signifier l'acte de produit.

FORMULE de Requête en Conclusions.

A MM. les juges du Tribunal de première instance de l'arrondissement de.... ,

Expose N.... (*exprimer les nom , qualité et demeure*) qu'il est en instance par-devant vous avec le sieur M..., au sujet d'une haie vive séparative de leurs héritages.

C'est en 1789 que l'auteur de l'exposant fit planter cette haie, ainsi qu'il est en état de le vérifier tant par la quittance du jardinier-pépiniériste , qui a fourni les plans d'épines blanches, que par les quittances des ouvriers qui ont fait la plantation.

Mais le sieur M... a prétendu , tant dans les défenses par lui fournies contre la demande de l'exposant , que lors de la plaidoirie de la cause , que ladite haie était plantée sur un terrain commun entre lui et l'exposant , que conséquemment il devait participer pour moitié à cette haie , et recueillir la moitié du bois provenant de la *tonte* qui s'en faisait chaque année.

Pour écarter cette prétention, l'exposant a invoqué les énonciations du terrier de la ci-devant seigneurie de..., où à l'art... des déclarations fournies par les habitans, des héritages par eux possédés, il est dit formellement que la pièce de terre située *(énoncer les confins suivant les aspects)*, est de la contenance de trois quartiers, et qu'elle tient du côté du nord à A...., qui est l'auteur du défendeur ; que l'acquisition faite par l'exposant en 1791, par acte reçu S.... et L...., énonce la même contenance.

L'exposant a ajouté que son héritage, y compris la haie en son entier, n'excédait point la contenance des trois quartiers; d'où il résultait que la haie était nécessairement plantée sur un terrain propre à l'exposant.

Mais le sieur M..., ayant soutenu qu'il n'avait que sa contenance, en y comprenant la moitié du terrain occupée par la haie, il se pouvait faire que le voisin de l'exposant du côté du midi, eût fait une anticipation sur son héritage, et que par ce moyen il ne se trouvât plus être de la contenance de trois quartiers.

L'affaire en cet état, il fut formé un préparatoire en expertise le . . . .

En conséquence, les experts respectivement nommés amiablement, ont fait le...., leur rapport, duquel il résulte que l'exposant doit jouir de toute la haie, et que le sieur M... n'y a aucun droit.

Mais le sieur M....., par une consultation du sieur G...., jurisconsulte, à la date du.., a soutenu que les experts qui avaient opéré, n'avaient pas fait attention à des bornes plantées à l'extrémité de l'héritage de l'exposant du côté du midi; qu'il passait pour constant dans le pays qu'il y avait eu un dérangement de ces bornes fait depuis peu, par certaines personnes mal intentionnées, et que si l'on recourait aux anciens procès-verbaux de plantation desdites bornes, il serait établi jusqu'à l'évidence que le terrain dont le sieur N..... voulait se dédommager en conservant la haie dans son entier, avait été pris du côté du midi; en conséquence, le sieur M.... a conclu à ce qu'il fût ordonné qu'on conviendrait de nouveaux experts, aux offres de faire les avances de la nouvelle expérience.

L'exposant a soutenu qu'il n'échéait point d'ordonner une nouvelle expertise, attendu que les experts s'étaient expliqués disertement sur tous les faits interloqués, et que la jurisprudence n'autorisait un nouveau rapport, que dans le cas où les experts s'étaient expliqué *douteusement* ou *ambitieusement*.

Cependant, à l'audience du.. , le sieur M..
ayant élevé des doutes sur la légitimité du
terrier de la ci-devant seigneurie de... , ayant
persisté à soutenir qu'il y avait eu un dérangement fait dans les bornes qui délimitaient
l'héritage de l'exposant du côté du midi , et
qu'enfin l'acte d'acquisition de 1791 ne s'a-
daptait point à l'héritage de l'exposant, vous
avez ordonné que pour être fait droit aux parties , elles feraient une instruction par écrit.

Le seul exposé des faits suffit pour légitimer les conclusions que va prendre l'exposant, et qui tendent à ce qu'il vous plaise ,
MM. , vu , etc. lui donner acte des conclusions qu'il prend et demandes qu'il forme ,
à ce qu'il soit dit qu'en homologuant le rapport (ou entérinant le rapport) des experts
P.... et J...., enregistré le..... , que l'exposant
demeurera seul propriétaire de la haie vive
dont il s'agit ; que défenses seront faites au
sieur M.... de faire *la tonte* de ladite haie ,
et que pour l'avoir faite l'année dernière,
il sera condamné à 10 francs de dommages-
intérêts , si mieux n'aime que lesdits dommages-intérêts soient réglés par experts , et
aux dépens de l'instance.

Recevoir la présente au procès, ordonner
qu'elle sera montrée à partie , qui sera tenue
d'y répondre dans le délai fixé par la loi, et

mise au sac pour en jugeant y avoir tel égard que de raison.

En marge est écrit : -- Acte des conclusions ; la présente reçue au procès, montrée à partie, qui sera tenue d'y répondre dans le délai fixé par la loi, et mise au sac pour en jugeant y avoir tel égard que de raison.

Fait à . . . .

Inventaire (ou état) des pièces que produit rière le greffe du Tribunal de première instance de l'arrondissement de...., N.... etc. au procès qui y est pendant entre le sieur M.... et lui, et dans lequel ledit N.... est demandeur en homologation de rapport d'experts et dommages-intérêts.

Laquelle production est faite pour satisfaire à l'appointement en droit intervenu en ladite instance le...., afin que par le jugement qui interviendra, il soit dit (*répéter les conclusions de la requête relative à l'homologation du rapport d'experts, dommages-intérêts et dépens*).

Pour obtenir l'adjudication de ses conclusions, le demandeur produit, 1°. le contrat d'acquisition qu'il a faite le ..... 1791 du sieur Barthelemi, par acte reçu.... etc.;

2.° Le libelle introductif d'instance du....., etc. côté...., etc.

3°. L'extrait du terrier de la ci-devant seigneurie de ...., etc.

Nota. Faire état de toutes les pièces du procès.

Fait à . . . . le. . . . .

CERTIFICAT de Production.

Produit au greffe le...., etc. signature du greffier.

Nota. 1°. Il faut faire un contre-inventaire, au bas duquel le greffier donne sa charge au produisant.

Nota. 2.° Signifier tant la requête en conclusions que l'état ou inventaire des pièces.

FORMULE de Sommation à produire.

A...., avoué du sieur N....., etc. demandeur,

Déclare par cette à J...., avoué du sieur M...., qu'en exécution de l'appointement qui ordonne l'instruction par écrit du...., ledit A..... a mis sa production au greffe du Tribunal de première instance, l'interpelle d'en faire autant de sa part dans le délai fixé par la loi, faisant toutes réserves. Signé A....

Signifié le....

97. Dans la quinzaine de la production du demandeur au greffe, le défendeur en prendra connaissance et fera signifier sa réponse avec état au bas des pièces au soutien. Dans les vingt-quatre heures de cette signification, il rétablira au greffe la production par lui prise en communication, fera la sienne et en signifiera l'acte.

Dans le cas où il y aurait plusieurs défendeurs , s'ils ont tout à la fois des avoués et des intérêts différens, ils auront chacun les délais ci-dessus fixés, pour prendre communication, répondre et produire ; la communication leur sera donnée successivement, à commencer par le plus diligent.

FORMULE des Ecritures du défendeur, en réponse à la requête faite par le demandeur en l'article précédent. •

A MM. les juges du Tribunal de première instance :

Expose M. . . . , etc, que dans l'instance pendante en votre Tribunal , entre l'exposant et le sieur N...., vous avez ordonné le . . ., que les parties feraient une instruction par écrit (ou écriraient et produiraient à la forme de la loi).

Le sieur N. . . . ayant fait sa production au greffe de votre Tribunal , et l'exposant ayant pris communication des pièces, s'est assuré de plus fort que les experts qui avaient fait leur rapport le ...., en conséquence de votre jugement préparatoire du ... , avaient erré, et que leur erreur provenait du défaut d'examen de l'état où se trouvaient les bornes limitatives de l'héritage du sieur N...... du côté du midi, que d'autre part les experts avaient été trompés par les énonciations des titres produits par le sieur N.. . . . .

La discussion dans laquelle va entrer succinctement l'exposant sur ces différens objets , portera son assertion au plus haut
degré d'évidence.

Il est certain d'abord que les anciennes
bornes limitatives de l'héritage du sieur N...,
du côté du midi , ont été dérangées depuis
un temps fort peu éloigné, et si l'on fouille
le terrain avec quelqu'attention , on trouvera
des vestiges, des témoins des bornes qui ont
été enlevées de leur placement primitif: l'exposant pourrait d'ailleurs , s'il en était besoin , prouver par témoins le dérangement
qui a été fait desdites bornes anciennes, et
à quelle époque il a été fait.

Le sieur N. . . . excipe du terrier de la ci-
devant seigneurie de...., mais il feint d'igno-
rer que ce terrier a été rejeté comme pièce
fausse dans un procès pendant au Tribunal
de. . . ., entre P. . . . et Q..., en l'an, etc.

A l'égard de la plantation de la haie vive
faite par l'auteur du sieur N.... en 1789 ,
il est facile d'écarter ce moyen , en observant que trois ans auparavant il y avait eu
une instance en trouble, au sujet du terrain
qu'occupe actuellement la haie , et que l'auteur du sieur N...... a transigé sur cette
instance.

Enfin, le sieur N... ne peut se prévaloir de son acte d'acquisition de 1791 , puisque le vendeur n'a point garanti la contenance de l'héritage.

D'après ces observations , l'exposant se croit bien fondé à persister à sa demande en nouveau rapport ; en conséquence il recourt :

A ce qu'il vous plaise , MM. , donner acte à l'exposant des conclusions et demandes qu'il forme , à ce qu'il soit ordonné avant faire droit , que les parties conviendront de nouveaux experts amiablement choisis ou nommés d'office , même un tiers s'il y échet , à l'effet de procéder à la reconnaissance prescrite par votre jugement préparatoire du.., aux offres que fait l'exposant d'avancer les frais de la nouvelle expérience ; duquel rapport les experts feront le dépôt en votre greffe , pour à la vue d'icelui être statué ce qu'il appartiendra ; tous dommages-intérêts et dépens réservés ;

Ordonner que la présente sera montrée à partie , qui sera tenue d'y répondre dans le délai fixé par la loi ; jointe au procès et mise au sac , pour en jugeant y avoir tel égard que de raison ; et ferez bien.

En marge est écrit : Acte des conclusions, etc. *comme dessus.*

Inventaire (ou état) des pièces que produit rière le greffe du Tribunal de première instance de.., le sieur M. .. au procès qui y est pendant, etc. , afin que par le jugement à intervenir, il soit dit et ordonné avant faire droit, etc. (*transcrire les conclusions de la requête*).

Laquelle production est faite pour satisfaire à l'appointement en droit rendu le...,

Et pour parvenir à l'adjudication de ses conclusions , il produit, 1.º le... ; 2.º le....

Nota. Certificat de production *comme dessus*, etc.

FORMULE de la Sommation, comme dessus.

98. Si le demandeur n'avait pas produit dans le délai ci-dessus fixé , le défendeur mettra sa production au greffe , ainsi qu'il est dit ci-dessus. Le demandeur n'aura que huitaine pour en prendre communication et contredire ; ce délai passé , il sera procédé au jugement sur la production du défendeur.

FORMULE de Réplique aux écritures du défendeur.

A MM. , etc.

Expose N... , pour réplique aux écritures qui lui ont été signifiées le... , à requête du sieur M... , que ses exceptions ne méritent pas la plus légère considération :

1.º Le dérangement prétendu des bornes

limitatives de l'héritage de l'exposant , du
côté du midi , est un être de raison ; les choses sont dans le même état qu'elles étaient
il y a vingt ans : l'exposant, dans le cas où
il écherrait d'ordonner la preuve du déplacement des bornes , n'en redouterait pas plus
l'événement que de celui de la fouille du
terrain ;

2.º Si le terrier de la ci-devant seigneurie
de.... a été impugné de faux (ce que l'exposant ignore) , la fausseté n'avait point de
rapport à la déclaration de l'héritage en
question faite au terrier par les auteurs de
celui qui a transmis l'héritage à l'exposant;

3.º L'instance de trouble , la transaction
qu'on prétend avoir été faite à la suite ,
ne méritent pas plus d'égard que les précédentes exceptions. Si l'on recourt à la procédure qui fut faite alors , on voit que la
transaction fut toute à l'avantage de l'auteur
de l'exposant , puisqu'il est dit formellement
à l'art. 6 de cette transaction , que le fossé
pratiqué au-delà de la haie appartient au S.ʳ
B.... Or, si le fossé qui doit se trouver au-
delà de la haie appartient audit sieur B...,
à plus forte raison la haie devait-elle lui appartenir en entier.

Mais comme le sieur M... , pour donner
quelque couleur à sa prétention , s'est avisé,

trois ans avant l'instance , de combler le
fossé , l'exposant va former une demande
incidente , tendante à ce que le sieur M...
soit condamné à faire nétoyer et relever le
fossé dans toute la longueur de l'héritage de
l'exposant , du côté du nord , dans le délai
de... ; sinon et à défaut , que l'exposant sera
autorisé à faire ladite réparation aux frais
dudit sieur M..., dont exécutoire lui demeurera décerné à la vue des quittances des ouvriers.

Par ces considérations , l'exposant recourt ,

A ce qu'il vous plaise , MM. , recevoir la
présente au procès , pour répliques aux écritures signifiées à requête du sieur M... , le
... , et en lui donnant acte de la déclaration qu'il fait , qu'il persiste toujours aux
conclusions par lui prises dans sa première
requête du .... , et son inventaire de production ; lui donner pareillement acte de la
demande incidente qu'il forme , à ce que le
sieur M... soit condamné à faire nétoyer et
relever le fossé dans toute la longueur de
l'héritage de l'exposant , du côté du nord ,
dans le délai de ... , à compter du jour de
la signification du jugement à intervenir ;
passé lequel délai , et sans qu'il soit besoin
de nouveau jugement , l'exposant sera auto-

risé à faire ladite réparation aux frais dudit
sieur M... , dont exécutoire demeurera décerné à l'exposant, à la vue des quittances
des ouvriers, et condamner le sieur M. . . .
aux dépens de la demande incidente ;

Ordonner au surplus que la présente sera
montrée à partie , qui sera tenue d'y répondre dans le délai fixé par la loi, et mise
au sac pour en jugeant y avoir tel égard
que de raison.

En marge est écrit : Acte de la déclaration
faite par l'exposant de la demande incidente ;
la présente reçue au procès, montrée à partie, et mise au sac , etc.

Signifier la requête et l'ordonnance.

99. Si c'est le défendeur qui ne produit
pas dans le délai qui lui est accordé, il sera
procédé au jugement sur la production du
demandeur.

100. Si l'un des délais fixés expire sans
qu'aucun des défendeurs ait pris communication , il sera procédé au jugement sur ce
qui aura été produit.

101. Faute par le demandeur de produire,
le défendeur le plus diligent mettra sa production au greffe , et l'instruction sera continuée ainsi qu'il est dit ci-dessus.

102. Si l'une des parties veut produire de
nouvelles pièces, elle le fera au greffe , avec

acte de produit contenant état desd. pièces, lequel sera signifié à avoué, sans requête de production nouvelle ni écritures, à peine de rejet de la taxe, lors même que l'état des pièces contiendrait de nouvelles conclusions.

FORMULE de production de nouvelles Pièces au greffe par l'une des parties du procès.

Etat (ou inventaire sommaire) des nouvelles pièces que produit au greffe du Tribunal de première instance N..., demandeur, dans le procès pendant au Tribunal de....

Contre le sieur M..., défendeur,

1.º Tel acte..., etc. coté, etc.

2.º *Idem.*

Fait à..., le... Signé par l'avoué.

Le présent inventaire par addition, produit au greffe du Tribunal de première instance de l'arrondissement de..., le... Signature du greffier.

K...., avoué du sieur N..., déclare au sieur P..., avoué du sieur M..., qu'il a produit au greffe l'état dont copie ci-dessus lui sera donnée avec le certificat du greffier. Signé K....

Signifié le....

103. L'autre partie aura huitaine pour

prendre communication et fournir sa réponse, qui ne pourra excéder six rôles.

104. Les avoués déclareront au bas des originaux et des copies de toutes leurs requêtes et écritures, le nombre des rôles, qui sera aussi annoncé dans l'acte de produit, à peine de rejet lors de la taxe.

105. Il ne sera passé en taxe que les écritures et significations énoncées au présent titre.

106. Les communications seront prises au greffe sur les récépissés des avoués, qui en contiendront la date.

107. Si les avoués ne rétablissent dans le délai ci-dessus fixé, les productions par eux prises en communication, il sera, sur le certificat du greffier, et sur un simple acte pour venir plaider, rendu jugement à l'audience, qui les condamnera personnellement et sans appel, à ladite remise, aux frais du jugement, et sans répétition, et en dix francs au moins de dommages-intérêts par chaque jour de retard.

Si les avoués ne rétablissent les productions dans la huitaine de la signification dudit jugement, le tribunal pourra prononcer sans appel, de plus forts dommages-intérêts, même condamner l'avoué par corps, et l'interdire pour tel temps qu'il estimera convenable.

Lesdites condamnations pourront être prononcées sur la demande des parties, sans qu'elles ayent besoin d'avoués, et sur un simple mémoire qu'elles remettront, ou au président, ou au rapporteur, ou au procureur impérial.

108. Il sera tenu au greffe un registre sur lequel seront portées toutes les productions, suivant leur ordre de date : ce registre, divisé en colonnes, contiendra la date de la production, les noms des parties, de leurs avoués et du rapporteur ; il sera laissé une colonne en blanc.

109. Lorsque toutes les parties auront produit, ou après l'expiration des délais ci-dessus fixés, le greffier, sur la réquisition de la partie la plus diligente, remettra les pièces au rapporteur, qui s'en chargera; en signant sur la colonne laissée en blanc au registre des productions.

110. Si le rapporteur décède, se démet ou ne peut faire le rapport, il en sera commis un autre, sur requête, par ordonnance du président, signifiée à partie, ou à son avoué, trois jours au moins avant le rapport.

Formule de Requête pour obtenir la commission d'un nouveau rapporteur.

A M. le président du Tribunal de. . . .

Expose N...., etc. que dans le procès pendant par-devant vous, entre le sieur M.... et l'exposant, y ayant eu jugement le......, qui ordonnait que l'instruction se ferait par écrit, M. O.... avait été nommé rapporteur; mais ayant donné sa démission (ou étant décédé) l'exposant recourt, M. le président,

A ce qu'il vous plaise, vu l'exposé de la présente, commettre un de MM. les juges pour faire le rapport de ladite affaire, et ferez bien.

Fait à......

En marge est écrit : vu l'exposé de la présente, et attendu la *démission* (ou le décès) de M. O....., nous avons nommé et commis M. D.... pour faire le rapport de ladite affaire. Fait.....

Signifié à l'avoué, le......

111. Tous rapports, même sur délibéré, seront faits à l'audience; le rapporteur résumera le fait et les moyens sans ouvrir son avis; les défenseurs n'auront, sous aucun prétexte, la parole après le rapport; ils pourront seulement remettre, sur-le-champ, au président, de simples notes énonciatives, des faits sur lesquels ils prétendent que le rapport a été incomplet ou inexact.

112. Si la cause est susceptible de com-

munication, le procureur impérial sera entendu en ses conclusions à l'audience.

113. Les jugemens rendus sur les pièces
de l'une des parties, faute par l'autre d'en
avoir produit, ne seront point susceptibles
d'opposition.

114. Après le jugement, le rapporteur
remettra les pièces au greffe, et il en sera
déchargé par la seule radiation de sa signature sur le registre des productions.

115. Les avoués, en retirant leurs pièces,
émargeront le registre ; cet émargement
servira de décharge au greffier.

*FORMULE d'un Jugement définitif dans
l'affaire appointée en droit, entre le
sieur N.... et le sieur M....*

Entre le sieur N...., demandeur, par
exploit, etc.

Contre le sieur M...., défendeur, etc.

Et entre le sieur M..., demandeur, par
requête du...., etc.

Contre N....., défendeur, etc.

Nota. Reprendre à la suite, les autres conclusions
respectivement prises par les parties.

F A I T.

1º. Il s'agit de savoir, si le sieur M... était
en droit de faire la *tonte* d'une partie de
la haie vive qui se trouve, du côté du nord,

sur le bord de l'héritage du sieur N...;

2°. Si le sieur M... est fondé à demander un nouveau rapport en offrant d'en avancer les frais :

Vu les pièces respectivement produites par les parties dans leurs inventaires de production, ensemble les pièces produites par les parties au greffe, par addition de la part du sieur N...., et ouï le rapport de M. D..., commissaire,

Le Tribunal, considérant 1°. que le terrier de la ci-devant seigneurie de...... porte, dans la déclaration faite par le sieur *Barthelemi*, auteur du sieur N..., que l'héritage contentieux doit avoir trois quartiers, et que, suivant le rapport des experts, ledit héritage du sieur N..... ne porte précisément que cette contenance, y compris la haie vive en son entier ;

2.° Considérant que l'acte de vente de 1791, contenant vente par le S. *Barthelemi* au sieur N...., exprime formellement la même quantité de terrain ;

3°. Considérant que la plantation de la haie vive dont il s'agit, a été faite par le sieur *Barthelemi*, auteur du sieur N...., en 1789, sans qu'il paraisse qu'il ait été formé aucun obstacle à cette plantation de la part du sieur M...;

4°. Considérant que la transaction faite en 1791 , rappelle formellement un fossé existant le long de l'héritage du sieur N..., du côté du nord, et que s'il n'en paraît aucun vestige aujourd'hui, cela doit être imputé nécessairement au sieur M...., qui est présumé l'avoir comblé , pour parvenir de plus près à la haie, et se donner une apparence de droit qu'il n'a jamais eu ;

5°. Considérant enfin qu'un nouveau rapport occasionnerait fort mal à propos des frais considérables, sans répandre un plus grand jour sur l'affaire ; que le rapport dressé par les sieurs P ... et Q.... remplit parfaitement les dispositions du jugement préparatoire du....., et qu'il ne laisse ni incertitude ni ambiguité ;

Par ces considérations, le Tribunal, sans s'arrêter à la demande en nouveau rapport formée par le sieur M...., tant dans sa requête du..., que dans son inventaire de production du. ..., de laquelle il demeure débouté ,

Faisant droit sur les conclusions prises par le sieur N...., dans sa requête du....., et dans son inventaire de production......., en homologuant le rapport des experts P.... et Q..., du....., dûment enregistré le......, ordonne que le sieur N..... demeurera seul propriétaire de la haie vive dont il s'agit ; fait défense au sieur M.... de faire la *tonte* de la haie, et pour l'avoir faite, il le condamne en 10 liv. de dommages-intérêts au profit du sieur M....., si mieux n'aime le sieur M...... que lesdits dommages-intérêts soient fixés par experts, option sur laquelle il sera tenu de s'expliquer dans la huitaine, à compter de la signification du jugement, sinon, déchu ;

Condamne ledit sieur M... aux dépens de l'instance, liquidés à.... ;

Faisant droit sur la demande incidente formée par le sieur N... dans sa requête du......, condamne le sieur M... à rétablir et relever le fossé dans toute la longueur de l'héritage du sieur N...., du côté du nord, dans le délai de....; sinon et à défaut, le tribunal autorise le sieur N.... à faire ladite réparation aux frais du sieur M...., dont exécutoire demeurera décerné audit sieur N...., à la vue des quittances des ouvriers ;

Condamne le sieur M... aux dépens de la demande incidente, liquidés à......

Fait et jugé à...., le......

TITRE VII.

Des Jugemens.

En droit, on appelle *jugemens* les arrêts, sentences,

et les autres décisions qui sont prononcées par l'autorité des souverains, soit de leur propre bouche , soit par les officiers qu'ils commettent pour rendre la justice à leur place.

Le jugement des législateurs regarde les choses universelles et futures ; celui des juges concerne les causes présentes portées devant eux.

116. Les jugemens seront rendus à la pluralité des voix , et prononcés *sur-le-champ* (1) ; néanmoins les juges pourront se retirer dans la chambre du conseil pour y recueillir les avis ; ils pourront aussi continuer la cause à une des prochaines audiences pour prononcer le jugement.

117. S'il se forme plus de deux opinions, les juges plus faibles en nombre seront tenus de se réunir à l'une des deux opinions qui auront été émises par le plus grand nombre ;

____

(1) Le jugement une fois prononcé à l'audience, ne peut plus être réformé , quand même les parties y consentiraient. Il y a un arrêt de la Cour de cassation, en date du 15 septembre 1792, collection de M. Sirey, 1.re année, page 12, qui a décidé qu'un jugement ne pouvait être réformé ni corrigé , même du consentement des deux avoués. Cette décision est basée sur la disposition de l'art. 14, titre 2 de la loi du 24 août 1790, sur l'organisation judiciaire, qui ordonne que les jugemens seront rendus publiquement ; cet art. est reproduit par l'art. 116 ci-dessus.

toutefois ils ne seront tenus de s'y réunir qu'après que les voix auront été recueillies une seconde fois.

118. En cas de partage, on appellera pour le vider, un juge; à défaut de juge, un suppléant; à son défaut, un avocat attaché au barreau; et à son défaut, un avoué; tous appelés selon l'ordre du tableau: l'affaire sera de nouveau plaidée.

119. Si le jugement ordonne la comparution des parties, il indiquera le jour de la comparution.

120. Tout jugement qui ordonnera un serment, énoncera les faits sur lesquels il sera reçu.

121. Le serment sera fait par la partie, en personne et à l'audience. Dans le cas d'un empêchement légitime et dûment constaté, le serment pourra être prêté devant le juge que le tribunal aura commis, et qui se transportera chez la partie, assisté du greffier.

Si la partie à laquelle le serment est déféré est trop éloignée, le tribunal pourra ordonner qu'elle prêtera le serment devant le tribunal du lieu de sa résidence.

Dans tous les cas, le serment sera fait en présence de l'autre partie, ou elle dûment appelée par acte d'avoué à avoué, et s'il

n'y a pas d'avoué constitué, par exploit contenant l'indication du jour de la prestation.

Voyez les art. 1357, 1358 et suivans, du code
civil, sur le *Serment*.

Acte dénonciatif d'audience pour prêter le Serment.

B.., avoué du sieur M.... (*exprimer les qualités*), dénonce par cette, l'audience au sieur P..., le...., à celle qui se tiendra au Tribunal de première instance, le...., pour y prêter le serment ordonné par le jugement contradictoirement rendu entre les parties, etc.... ce qui sera signifié, sous toutes réserves de droit, au sieur Q....., avoué du sieur P...., dont acte. Signé.....

Suit la signification.

122. Dans le cas où les tribunaux peuvent accorder des délais pour l'exécution de leurs jugemens, ils le feront par le jugement même qui statuera sur la contestation, et qui énoncera les motifs du délai.

123. Le délai courra du jour du jugement, s'il est *contradictoire* (1), et de celui de la signification, s'il est par *défaut* (2).

____

(1) Le jugement contradictoire est celui qui est rendu par le juge, après avoir entendu toutes les parties qui ont défendu leurs intérêts.

(2) Voyez la note à la suite de l'art. 149.

124. Le débiteur ne pourra obtenir un délai , ni jouir du délai qui lui aura été accordé , si les biens sont vendus à la requête d'autres créanciers , s'il est en état de faillite , de contumace, ou s'il est constitué prisonnier, ni enfin lorsque par son fait , il aura diminué les suretés qu'il avait données , par le contrat, à son créancier.

125. *Les actes conservatoires* (1) seront

____

(1) Les actes conservatoires sont ceux qui ne tendent qu'à la conservation des droits de ceux au nom de qui la signification en est faite , sans assignation , pour procéder en conséquence : tels sont les appointemens , les saisies et arrêts , et les appositions des scellés.

Les actes conservatoires ne regardent pas seulement la conservation des droits qui peuvent être actuellement exercés, mais encore la conservation de ceux qui ne sont point ouverts et qui dépendent de quelques événemens qui peuvent arriver ou non.

Un *acquéreur,* par exemple, dans la crainte d'être traversé dans son acquisition , peut , pour conserver la garantie qui lui est acquise contre son vendeur , s'opposer à la saisie réelle qui pourrait être faite de quelques immeubles de ce vendeur, et cela pour la sureté et conservation de sa garantie sur les biens saisis , au cas que, dans la suite , il soit inquiété par quelque créancier de son vendeur, ou de son chef.

Il en est de même de tous les droits auxquels il

valables nonobstant ce délai accordé.

126. La contrainte par corps ne sera prononcée que dans les cas prévus par *la loi* (1) : il est néanmoins laissé à la prudence des juges de la prononcer,

1°. Pour dommages-intérêts en matière civile au-dessus de la somme de trois cents francs ;

2°. Pour reliquat de compte de tutelle, curatelle, d'administration de corps et communauté, établissemens publics ou de toute administration confiée par justice, et pour toutes restitutions à faire par suite desdits comptes.

127. Pourront les juges, dans les cas énoncés en l'art. précédent, ordonner qu'il sera sursis à l'exécution de la contrainte par corps, pendant le temps qu'ils fixeront ; après lequel, elle sera exercée sans nouveau

---

y a une condition attachée : jusqu'à l'événement de la condition, le droit n'est pas ouvert ; il se peut même faire qu'il n'ait pas lieu, la condition manquant ; cependant, celui qui a l'espérance, peut veiller à la conservation de la chose, et faire des actes conservatoires, au cas que la condition arrive.

Si elle n'arrive pas, les actes tombent alors comme n'ayant plus de cause et de fondement.

(1) Voyez les art. 2059, 2060 et suiv. du code civil.

jugement. Ce sursis ne pourra être accordé que par le jugement qui statuera sur la contestation, et qui énoncera les motifs du délai.

128. Tous jugemens qui condamneront à des dommages et intérêts, contiendront la liquidation ou ordonneront qu'ils seront donnés par état.

129. Les jugemens qui condamneront à une restitution de fruits, ordonneront qu'elle sera faite en nature pour la dernière année, et pour les années précédentes, suivant les mercuriales du marché le plus voisin, eu égard *aux saisons* (1) et prix communs de l'année, sinon à dire d'experts, à défaut de mercuriales. Si la restitution en nature, pour la dernière année, est impossible, elle se fera comme pour les années précédentes.

130. Toute partie qui succombera sera condamnée aux dépens.

131. Pourront néanmoins les dépens être compensés en tout ou en partie, entre conjoints, ascendans, descendans, frères

---

(1) Pour faire cette liquidation, s'il s'agit par exemple de grains, il faut prendre le prix du grain au commencement des mois de janvier, avril, juillet et octobre, ajouter ensuite ces quatre prix et prendre le quart de la somme totale, et l'on aura le prix commun demandé.

et sœurs, ou alliés au même degré ; les juges pourront aussi compenser les dépens en tout ou en partie, si les parties succombent respectivement sur quelque chef.

132. Les avoués et huissiers qui auront excédé les bornes de leur ministère, les tuteurs, curateurs, héritiers bénéficiaires ou autres administrateurs, qui auront compromis les intérêts de leur administration, pourront être condamnés aux dépens, en leur nom et sans répétition, même aux dommages-intérêts s'il y a lieu, sans préjudice de l'interdiction contre les avoués et huissiers, et de la destitution contre les tuteurs et autres, suivant la gravité des circonstances.

133. Les avoués pourront demander la distraction des dépens à leur profit, en affirmant lors de la prononciation du jugement, qu'ils ont fait la plus grande partie des avances. La distraction des dépens ne pourra être prononcée que par le jugement qui en portera la condamnation ; dans ce cas, la taxe sera poursuivie et l'exécutoire délivré au nom de l'avoué, sans préjudice de l'action contre sa partie.

134. S'il a été formé une demande *provisoire* (1), et que la cause soit en état sur

____

(1) *Provisoire* se dit des choses qui requièrent cé-

le provisoire et sur le fond, les juges seront tenus de prononcer sur le tout par un seul jugement.

135. L'exécution provisoire, sans caution, sera ordonnée s'il y a titre authentique, promesse reconnue ou condamnation précédente par jugement dont il n'y ait point d'appel.

L'exécution provisoire pourra être ordonnée, avec ou sans caution, lorsqu'il s'agira,

1°. D'apposition et levée de scellés, ou confection d'inventaire ;

2°. De réparations urgentes ;

3° D'expulsion des lieux, lorsqu'il n'y a pas de bail, ou que le bail est expiré;

4°. Des sequestres, commissaires et gardiens ;

5°. De réception de caution et certificateurs ;

6°. De nomination de tuteur, curateur, et autres administrateurs, et de reddition de compte ;

7°. De pensions ou provisions alimentaires.

---

lérité, qui doivent être jugées par provision; les alimens, les réparations, sont des matières provisoires, comme il est dit plus bas.

136. Si les juges ont omis de prononcer l'exécution provisoire , ils ne pourront l'ordonner par un second jugement , sauf aux parties à la demander sur l'appel.

137. L'exécution provisoire ne pourra être ordonnée pour les *dépens* (1), quand même ils seraient adjugés pour tenir lieu de dommages-intérêts.

138. Le président et le greffier signeront la minute de chaque jugement aussitôt qu'il sera rendu : il sera fait mention, en marge de la feuille d'audience , des juges et du procureur impérial qui y auront assisté ; cette mention sera également signée par le président et le greffier.

139. Les greffiers qui délivreront expédition d'un jugement avant qu'il n'ait été signé , seront poursuivis comme faussaires.

140. Les procureurs-généraux impériaux se feront représenter tous les mois les minutes des jugemens , et vérifieront s'il a été satisfait aux dispositions ci-dessus : en cas de contravention , ils en dresseront procès-verbal pour être procédé ainsi qu'il appartiendra.

***

(1) Parce que l'appel suspend cette exécution, et que si le condamné payait les dépens , il serait déclaré non-recevable dans son appellation.

141. La rédaction des jugemens contiendra les noms des juges, du procureur impérial, s'il a été entendu, ainsi que des avoués; les noms, professions et demeures des parties, leurs conclusions, l'exposition sommaire des points de fait et de droit, les motifs et le dispositif des jugemens.

142. La rédaction sera faite sur les qualités, signifiées entre les parties; en conséquence, celle qui voudra lever un jugement contradictoire sera tenue de signifier à l'avoué de son adversaire, les qualités, les conclusions et les points de fait.

143. L'original de cette signification restera pendant vingt-quatre heures entre les mains des huissiers audienciers.

144. L'avoué qui voudra s'opposer soit aux qualités, soit à l'exposé de points de fait et de droit, le déclarera à l'huissier, qui sera tenu d'en faire mention.

145. Sur un simple acte d'avoué à avoué, les parties seront réglées sur cette opposition par le juge qui aura présidé; en cas d'empêchement, par le plus ancien, suivant l'ordre du tableau.

146. Les expéditions des jugemens seront intitulées et terminées ainsi qu'il a été prescrit par l'acte des constitutions de l'empire, du 28 floréal an 12.

147. S'il y a avoué en cause, le jugement ne pourra être exécuté qu'après avoir été signifié à avoué, à peine de nullité : les jugemens provisoires et définitifs qui prononceront des condamnations, seront en outre signifiés à la partie, à personne ou domicile, et il sera fait mention de la signification à l'avoué.

148. Si l'avoué est décédé, ou a cessé de postuler, la signification à partie suffira ; mais il sera fait mention du décès ou de la cessation des fonctions de l'avoué.

TITRE VIII.

Des Jugemens par Défaut et Oppositions.

DÉFAUT est un acte qui se donne en justice au demandeur, de la contumace du défendeur défaillant; de même que le congé est un acte qui se donne au défendeur de la contumace du demandeur.

L'on distinguait trois sortes de défauts, savoir : le défaut faute de comparoir ; le défaut faute de défendre, et le défaut faute de venir plaider ; à quoi il faut ajouter un quatrième, qui est le défaut faute de conclure.

149. Si le défendeur ne constitue pas avoué, ou si l'avoué constitué ne se présente pas au jour indiqué pour l'audience, il sera donné défaut.

150. Le défaut sera prononcé à l'audience, sur l'appel de la cause, et les conclusions de

la partie qui le requiert seront adjugées, si elles se trouvent justes et bien vérifiées : pourront néanmoins les juges faire mettre les pièces sur le bureau, pour prononcer le jugement à l'audience suivante.

151. Lorsque plusieurs parties auront été citées pour le même objet, à différens délais, il ne sera pris défaut contre aucune d'elles qu'après l'échéance du plus long délai.

152. Toutes les parties appelées et défaillantes seront comprises dans le même défaut; et s'il en est pris contre chacune d'elles séparément, les frais desdits défauts n'entreront point en taxe, et resteront à la charge de l'avoué, sans qu'il puisse les répéter contre la partie.

153. Si de deux ou plusieurs parties, l'une fait défaut et l'autre comparaît, le profit du défaut sera joint, et le jugement de jonction sera signifié à la partie défaillante par un huissier commis; la signification contiendra assignation au jour auquel la cause sera appelée; il sera statué par un seul jugement, qui ne sera pas susceptible d'opposition.

154. Le défendeur qui aura constitué avoué pourra, sans avoir fourni de défenses, suivre l'audience par un seul acte, et prendre dé-

faut contre le demandeur qui ne comparaîtrait pas.

155. Les jugemens par défaut ne seront pas
exécutés avant l'échéance de la huitaine de
la signification à avoué, s'il y a eu constitution d'avoué ; et de la signification à personne ou domicile, s'il n'y a pas eu de constitution d'avoué, à moins qu'en cas d'urgence
l'exécution n'en ait été ordonnée avant l'expiration de ce délai, dans les cas prévus par
l'art. 135.

Pourront aussi les juges, dans le cas seulement où il y aurait péril en la demeure,
ordonner l'exécution nonobstant l'opposition, avec ou sans caution ; ce qui ne pourra
se faire que par le même jugement.

156. Tous jugemens par défaut contre une
partie qui n'a pas constitué d'avoué, seront
signifiés par un huissier commis, soit par le
tribunal, soit par le juge du domicile du défaillant, que le tribunal aura designé : ils
seront exécutoires dans les six mois de leur
obtention, sinon seront réputés non avenus.

157. Si le jugement est rendu contre une
partie ayant un avoué, l'opposition ne sera
recevable que pendant huitaine, à compter
du jour de la signification à avoué.

158. S'il est rendu contre une partie qui

n'a pas d'avoué, l'opposition sera recevable jusqu'à l'exécution du jugement.

159. Le jugement est réputé exécuté lorsque les meubles saisis ont été vendus, ou que le condamné a été emprisonné ou recommandé, ou que la saisie d'un ou de plusieurs de ses immeubles lui a été notifiée, ou que les frais ont été payés, ou enfin lorsqu'il y a quelqu'acte duquel il résulte nécessairement que l'exécution du jugement a été connue de la partie défaillante. L'opposition formée dans le délai ci-dessus, et dans les formes ci-après prescrites, suspend l'exécution, si elle n'a pas été ordonnée nonobstant opposition.

160. Lorsque le jugement aura été rendu contre une partie ayant un avoué, l'opposition ne sera recevable qu'autant qu'elle aura été formée par requête d'avoué à avoué.

161. La requête contiendra les moyens d'opposition, à moins que des moyens de défense n'ayent été signifiés avant le jugement, auquel cas il suffira de déclarer qu'on les emploie comme moyens d'opposition : l'opposition qui ne sera pas signifiée dans cette forme, n'arrêtera pas l'exécution ; elle sera rejetée sur simple acte, et sans qu'il soit besoin d'aucune autre instruction.

*Formule d'Opposition à un jugement ren-
du par défaut après constitution d'avoué,
tant de la part du demandeur que de
celle du défendeur.*

A MM. les juges du Tribunal, etc.

Expose P. que dans l'instance pendante
par-devant vous entre D. et l'exposant,
vous avez rendu le jugement par défaut qui
renvoie D. de la demande contre lui formée avec dépens.

Une indisposition avait empêché l'exposant de faire passer à son avoué une pièce
très-intéressante, qui légitime la demande
en relâchement de terrain, qu'a formée
l'exposant.

Cette pièce est un jugement rendu en la
ci-devant justice de....., qui condamne l'auteur de D. à planter bornes séparatives de
son héritage de celui de l'exposant, du côté
du midi, en abandonnant en longueur trois
mètres de terrain sur deux mètres de largeur.

L'auteur de D. étant mort avant que d'a-
voir satisfait au jugement précité, D. s'est
mis peu en peine de remplir l'obligation
de son auteur ; ensorte qu'il s'est maintenu
pendant cinq ans environ dans l'injuste détention du terrain réclamé par l'exposant.

Les parties ayant paru au bureau de conciliation le...., et n'ayant pu se concilier sur la demande en désistance formée par l'exposant, celui-ci s'est pourvu à votre Tribunal pour obtenir l'adjudication de sa demande; et c'est dans ces circonstances qu'est intervenu le jugement rendu par défaut contre lequel l'exposant se propose de faire admettre son opposition.

Par ces considérations, l'exposant recourt à ce qu'il vous plaise, MM., vu l'exposé de la présente, le recevoir opposant à votre jugement du...., aux offres de droit, et ferez justice.

En marge est écrit : Acte de l'opposition et viennent les parties à l'audience pour plaider sur icelle.

Donner copie de la requête, de l'ordonnance en marge et signifier à l'avoué.

162. Lorsque le jugement aura été rendu contre une partie n'ayant pas d'avoué, l'opposition pourra être formée, soit par acte extrajudiciaire, soit par déclaration sur les commandemens, procès-verbaux de saisie ou d'emprisonnement, ou tout autre acte d'exécution, à la charge par l'opposant de la réitérer avec constitution d'avoué, par requête, dans la huitaine, passé lequel temps elle ne sera plus recevable, et l'exécution sera continuée, sans qu'il soit besoin de le faire ordonner.

Si l'avoué de la partie qui a obtenu le jugement est décédé, ou ne peut plus postuler, elle fera notifier une nouvelle constitution d'avoué au défaillant, lequel sera tenu dans les délais ci-dessus, à compter de la signification, de réitérer son opposition par requête, avec constitution d'avoué.

Dans aucun cas les moyens d'opposition fournis postérieurement à la requête, n'entreront en taxe.

FORMULE d'un Acte d'Opposition, lorsque l'opposant n'a point d'avoué constitué.

P., propriétaire, demeurant à...., déclare au sieur L. qu'il forme opposition au jugement par défaut qu'il a obtenu contre lui le..., faisant toutes réserves de droit utiles et nécessaires. Signé.

Nota. Dans la huitaine, il faut faire recevoir cette opposition par requête dont la formule suit :

A MM...,

Expose P.., qu'y ayant eu jugement par défaut rendu contre lui le..., en votre Tribunal, sur la poursuite du sieur L.., l'exposant y a formé opposition par acte extra-judiciaire, du..., signifié au domicile dudit sieur L..., par exploit de... Les moyens d'opposition sont que, etc.

Par ces considérations , l'exposant recourt à ce qu'il vous plaise lui donner acte de l'opposition par lui formée , par acte signifié le... , dûment enregistré (*Conclusions* comme dans la requête ci-dessus), déclarant au surplus qu'il constitue pour son avoué le sieur G.. , auquel le sieur L.. est interpellé de s'adreser.

Nota. La constitution de l'avoué peut être faite dans le réquisitoire pour signifier la requête et l'ordonnance.

FORMULE d'Opposition.

P.. , propriétaire à.. , qui fait élection de domicile, en l'étude du sieur G.. , avoué près le Tribunal de première instance , qu'il constitue pour le sien, déclare au sieur M.., propriétaire à.., qu'il forme opposition au jugement qu'il a obtenu contre lui le.. , au Tribunal de première instance de ... Ses moyens d'opposition sont que 1°... ; 2°.. ; par même moyen , il requiert que ledit sieur M.. , dont l'avoué est décédé il y a.. , soit assigné à trois jours francs au Tribunal de première instance , à l'effet de constituer un autre avoué.

Suit l'exploit de citation.

163. Il sera tenu au greffe un registre sur lequel l'avoué de l'opposant fera men-

tion sommaire de l'opposition, en énonçant les noms des parties et de leurs avoués, les dates du jugement et de l'opposition : il ne sera dû de droit d'enregistrement que dans le cas où il en serait délivré expédition.

164. Aucun jugement par défaut ne sera exécuté à l'égard d'un tiers, que sur un certificat du greffier, constatant qu'il n'y a aucune opposition portée sur le registre.

165. L'opposition ne pourra jamais être reçue contre un jugement qui aurait débouté d'une première opposition.

TITRE IX.

DES EXCEPTIONS.

§ Ier.

De la Caution à fournir par les Étrangers.

166. Tous étrangers demandeurs principaux ou intervenans, seront tenus, si le défendeur le requiert, avant toute exception, de fournir caution, de payer les frais et dommages - intérêts auxquels ils pourraient être condamnés.

167. Le jugement qui ordonnera la caution, fixera la somme jusqu'à concurrence de laquelle elle sera fournie; le demandeur qui consignera cette somme ou justifiera que ses immeubles situés en France sont

suffisans pour en répondre, sera dispensé de fournir caution.

' Ces articles sont conformes à l'article 16 du code civil.

Voyez au Supplément de la jurisprudence de la Cour de cassation, page 49, de l'an 12, un arrêt qui rejette le pourvoi contre un jugement rendu par le Tribunal d'appel de Bruxelles, le 19 vontôse an 11, qui avait provisoirement déclaré suffisante la consignation faite par un Anglais de la somme de 600 fr., au lieu de la caution *JUDICATUM SOLVI* qu'exigeait le Français qui plaidait contre l'Anglais.

Il est évident par cette décision de la Cour de cassation, que lorsqu'un étranger se trouve dans l'impossibilité de fournir une caution, parce qu'il ne possède pas des immeubles sur le territoire Français, qu'il peut remplacer cette formalité par la consignation d'une somme dont la suffisance est déterminée par le Tribunal saisi de la contestation.

§ II.

Des Renvois.

168. La partie qui aura été appelée devant un tribunal autre que celui qui doit connaître de la contestation, pourra demander son renvoi devant les juges compétens.

FORMULE de Conclusions en paraissant par-devant un Tribunal incompétent.

A ce qu'il plaise au Tribunal renvoyer la

cause et les parties par-devant les juges qui en doivent connaître.

Nota. Le défendeur qui propose l'incompétence par-devant le Tribunal de première instance, peut, en constituant un avoué, et en se présentant sur l'assignation qui lui a été donnée, déclarer qu'il a été incompétemment assigné, et qu'il ne paraîtra à l'audience que pour conclure au renvoi par-devant juge compétent.

La présentation, comme on l'a dit sous l'art. 75, peut énoncer que l'on se présente à toutes fins, même à celles déclinatoires.

169. Elle sera tenue de former cette demande préalablement à toutes autres exceptions et défenses.

170. Si néanmoins le tribunal était incompétent, à raison de la matière, le renvoi pourra être demandé en tout état de cause, et si le renvoi n'était pas demandé, le tribunal sera tenu de renvoyer d'office devant qui de droit.

171. S'il a été formé précédemment en un autre tribunal une demande pour le même objet, ou si la contestation est connexe à une cause déjà pendante en un autre tribunal, le renvoi pourra être demandé et ordonné.

172. Toute demande en renvoi sera jugée sommairement, sans qu'elle puisse être réservée ni jointe au principal.

§ III.

Des Nullités.

Le mot *nul* est en usage parmi les praticiens, pour indiquer les actes qui ne peuvent subsister, soit parce qu'ils sont faits contre la disposition des lois, ou parce qu'ils ne sont pas revêtus des formes qu'elles recommandent.

173. Toute nullité d'exploit ou date de procédure est couverte, si elle n'est proposée avant toute défense ou exception, autres que les exceptions d'incompétence.

§ IV.

Des Exceptions dilatoires.

L'*Exception dilatoire* est celle qui ne tend pas à détruire la demande qui est intentée contre nous, mais seulement à éloigner et retarder le jugement décisif.

Un homme, par exemple, est assigné en qualité d'héritier d'un défunt avant que les délais pour délibérer soient expirés, il peut demander délai pour délibérer, pendant lequel il ne peut être poursuivi.

Il en faut dire de même de celui qui serait assigné à payer une certaine somme avant l'échéance de la dette; il peut, contre cette demande, alléguer que c'est mal à propos qu'elle lui est faite avant le temps auquel l'action peut être intentée.

L'effet de l'exception *dilatoire* n'est que de différer l'exécution de l'action, et non pas de la détruire.

Il faut néanmoins remarquer que les exceptions dilatoires sont de deux sortes : les unes sont purement dilatoires, c'est-à-dire qu'elles ne peuvent jamais devenir péremptoires comme l'exception qu'on oppose à une demande avant l'échéance de la dette ; d'autres peuvent, par l'événement, devenir *péremptoires*.

174. L'héritier, la veuve, la femme divorcée ou séparée de biens, assignée comme commune, auront trois mois, du jour de l'ouverture de la succession ou dissolution de la communauté, pour faire inventaire, et quarante jours pour délibérer ; si l'inventaire a été fait avant les trois mois, le délai de quarante jours commencera du jour qu'il aura été parachevé.

S'ils justifient que l'inventaire n'a pu être fait dans les trois mois, il leur sera accordé un délai convenable pour le faire et quarante jours pour délibérer ; ce qui sera réglé sommairement.

L'héritier conserve néanmoins, après l'expiration des délais ci-dessus accordés, la faculté de faire encore inventaire, et de se porter héritier bénéficiaire, s'il n'a pas fait d'ailleurs acte d'héritier, ou s'il n'existe pas contre lui de jugement passé en force de chose jugée, qui le condamne en qualité d'héritier pur et simple.

Voyez art. 795 et 797 du code civil, et la loi dernière au code *de jure deliberandi*.

175. Celui qui prétendra avoir droit d'ap-

peler en garantie , sera tenu de le faire dans la huitaine du jour de la demande originaire , outre un jour pour trois myriamètres ; s'il y a plusieurs garans intéressés en la même garantie , il n'y aura qu'un seul délai pour tous , qui sera réglé selon la distance du lieu de la demeure du garant le plus éloigné.

Voyez les formules de mise en cause , sous l'art. 32.

176. Si le garant prétend avoir le droit d'appeler un autre en sous-garantie , il sera tenu de le faire dans le délai ci-dessus , à compter du jour de la demande en garantie formée contre lui ; ce qui sera successivement observé à l'égard du sous-garant ultérieur.

177. Si néanmoins le défendeur originaire est assigné dans les délais pour faire inventaire et délibérer , le délai pour appeler garant ne commencera que du jour où ceux pour faire inventaire et délibérer , seront expirés.

178. Il n'y aura pas d'autre délai pour appeler garant , en quelque matière que ce soit , sous prétexte de minorité ou autre cause privilégiée ; sauf à poursuivre les garans , mais sans que le jugement de la demande principale en soit retardé.

179. Si les délais des assignations en ga-

rantie ne sont échus en même temps que celui de la demande originaire, il ne sera pris aucun défaut contre le défendeur originaire, lorsque, avant l'expiration du délai, il aura déclaré, par acte d'avoué à avoué, qu'il a formé sa demande en garantie; sauf si le défendeur, après l'échéance du délai, pour appeler le garant, ne justifie pas de la demande en garantie, à faire droit sur la demande originaire, même à le condamner à des dommages-intérêts, si la demande en garantie par lui alléguée se trouve n'avoir pas été formée.

180. Si le demandeur originaire soutient qu'il n'y a lieu au délai pour appeler garant, l'incident sera jugé sommairement.

181. Ceux qui seront assignés en garantie, seront tenus de procéder devant le tribunal où la demande originaire sera pendante, encore qu'ils dénient être garans; mais s'il paraît par écrit ou par l'évidence du fait que la demande originaire n'a été formée que pour les traduire hors de leur tribunal, ils y seront renvoyés.

182. En garantie formelle, pour les matières réelles ou hypothécaires, le garant pourra toujours prendre le fait en cause du garanti qui sera mis hors de cause, s'il le requiert avant le premier jugement.

Cependant le garanti , quoique mis hors de cause , pourra y assister pour la conservation de ses droits , et le demandeur originaire pourra demander qu'il y reste pour la conservation des siens.

183. En garantie simple , le garant pourra facilement intervenir , sans prendre le fait et cause du garanti.

184. Si les demandes originaires et en garantie sont en état d'être jugées en même temps , il y sera fait droit conjointement, sinon le demandeur originaire pourra faire juger sa demande séparément : le même jugement prononcera sur la disjonction , si les deux instances ont été jointes , sauf après le jugement du principal , à faire droit sur la garantie , s'il y échet.

185. Les jugemens rendus contre les garans formels , seront exécutoires contre les garantis.

Il suffira de signifier le jugement aux garantis , soit qu'ils ayent été mis hors de cause , ou qu'ils y ayent assisté, sans qu'il soit besoin d'autre demande ni procédure. A l'égard des dépens , dommages et intérêts , la liquidation et l'exécution ne pourront en être faites que contre les garans.

Néanmoins , en cas d'insolvabilité du ga-

rant , le garanti sera passible des dépens ,
à moins qu'il n'ait été mis hors de cause ;
il le sera aussi des dommages et intérêts ,
si le tribunal juge qu'il y a lieu.

186. Les exceptions dilatoires seront proposées conjointement et avant toutes défenses au fond.

Voyez la note sous le paragraphe 4 ci-dessus.

187. L'héritier , la veuve et la femme divorcée ou séparée pourront ne proposer leurs
exceptions dilatoires qu'après l'échéance des
délais , pour faire inventaire et délibérer.

Voyez l'art. 797 du code civil.

§ V.

De la Communication des Pièces.

188. Les parties pourront respectivement
demander par un simple acte , communication des pièces employées entre elles ,
dans les trois jours où lesdites pièces auront
été signifiées ou employées.

Voyez ce qui est dit sous l'art. 77 , sur la communication des pièces.

*FORMULE d'Acte en demande de Com-
munication de Pièces.*

Le sieur P.. , propriétaire à.. etc..

Remontre au sieur B.. , qu'ayant employé dans le procès pendant entre eux telles
et telles pièces , il lui est important d'en

avoir la communication sous la charge du sieur A.., son avoué ; il est invité et en tant que de besoin , interpellé de faire cette communication dans trois jours , sinon le remontrant se pourvoira pour l'y faire contraindre. Signé..   Signifié à..

189. La signification sera faite entre avoué sur récépissé ou par dépôt au greffe ; les pièces ne pourront être déplacées, si ce n'est qu'il y en ait minute, ou que la partie y consente.

190. Le délai de la communication sera fixé, ou par le récépissé de l'avoué, ou par le jugement qui l'aura ordonnée : s'il n'était pas fixé , il sera de trois jours.

191 Si après l'expiration du délai, l'avoué n'a pas rétabli les pièces , il sera, sur simple requête, et même sur simple mémoire de la partie, rendu ordonnance portant qu'il sera contraint à ladite remise incontinent et par corps, même à payer trois francs de dommages-intérêts à l'autre partie par chaque jour de retard, du jour de la signification de ladite ordonnance, qu'il ne pourra répéter contre son constituant.

FORMULE de Requête en reddition de Pièces communiquées.

A MM. le président, etc.

Expose C..., avoué de M..., que dans le procès pendant en votre Tribunal, entre le sieur M... et le sieur N..., l'exposant a communiqué les pièces par lui produites à l'avoué du sieur M....., qu'il a entre les mains depuis huit mois, tandis qu'à la forme de la loi, il n'aurait dû les garder que trois.

Dans ces circonstances, l'exposant recourt à ce qu'il vous plaise, M...., ordonner que le sieur H..., avoué du sieur M..., sera tenu de rétablir les pièces à lui communiquées, entre les mains de l'exposant, à l'instant de la signification de votre ordonnance à intervenir, à quoi faire il pourra être contraint par toutes voies, même par corps, et en outre à payer trois francs de dommages-intérêts par chaque jour de retard ; enfin aux frais de la présente demande.

En marge, ordonnance conforme aux conclusions.

192. En cas d'opposition, l'incident sera réglé sommairement ; si l'avoué succombe, il sera condamné personnellement aux dépens de l'incident, même en tels autres dommages-intérêts et peines qu'il appartiendra, suivant la nature des circonstances.

TITRE X.

De la Vérification des Ecritures.

193. Lorsqu'il s'agira de reconnaissance

et vérification d'écritures privées, le demandeur pourra, sans permission du juge, faire assigner à trois jours, pour avoir acte de la reconnaissance, ou pour faire tenir l'écrit pour reconnu.

Si le défendeur ne dénie pas la signature, tous les frais relatifs à la reconnaissance ou à la vérification, même ceux de l'enregistrement de l'écrit, seront à la charge du demandeur.

FORMULE *d'Assignation pour reconnaissance d'Ecritures.*

A la requête du sieur P...., propriétaire à...., qui fait élection de domicile en l'étude du sieur B..., avoué près le Tribunal de première instance, près l'arrondissement de ....., soit assigné à trois jours francs, le sieur *Emery*, propriétaire à...., à comparaître par-devant MM. les juges du Tribunal de première instance, en leur auditoire, heure et tenue d'audience, pour reconnaître les écritures et signatures par lui faites le..., dûment enregistrées à...., le..., et par lesquelles il s'est soumis à payer au requérant la somme de 300 francs, pour la valeur de quatre hectolitres de vin de la récolte de l'an 11, sinon et à défaut ou refus, que lesdites écritures et signatures seront reconnues d'office, et le sieur *Emery* con damné aux dépens de l'instance.

Exploit de l'huisier doit être fait comme il est dit plus haut.

Nota. Les écritures privées, étant reconnues par-devant les juges, deviennent comme des actes publics, et portent hypothèque du jour seulement de ladite reconnaissance, ou du jour qu'on a dénié l'écriture et signature, si elles sont vérifiées vraies suivant l'ordonnance de François Ier., de l'an 1539, art. XCII et XCIII, titre IX de l'édit du mois de décembre 1684. Voy. Thevenau, liv. II, titre XIX, art. VI, et l'art. 2123 du code civil, qui ne change rien aux dispositions ci-dessus.

194. Si le défendeur ne comparaît, il sera donné défaut, et l'écrit sera tenu pour reconnu ; si le défendeur reconnaît, le jugement en donnera acte au demandeur.

195. Si le défendeur dénie la signature à lui attribuée, ou déclare ne pas reconnaître celle attribuée à un tiers, la vérification en pourra être ordonnée tant par titre que par experts et par témoins.

196. Le jugement qui autorisera la vérification, ordonnera qu'elle sera faite par trois experts, et les nommera d'office, à moins que les parties ne se soient accordées pour les nommer. Le même jugement commettra le juge devant qui la vérification se fera ; il portera aussi que la pièce à vérifier sera déposée au greffe, après que son état aura été constaté, et qu'elle aura été signée

et paraphée par le demandeur ou son avoué, et par le greffier, lequel dressera procès-verbal du tout.

197. En cas de récusation contre le juge-commissaire ou les experts, il sera procédé ainsi qu'il est prescrit aux titres *des Récusations de juges, et des Visites d'experts.*

198. Dans les trois jours du dépôt de la pièce, le défendeur pourra en prendre communication au greffe sans déplacement ; lors de ladite communication, la pièce sera paraphée par lui ou par son avoué, ou par son fondé de pouvoir spécial, et le greffier en dressera procès-verbal.

199. Au jour indiqué par l'ordonnance du juge-commissaire, et sur la sommation de la partie la plus diligente, signifiée à avoué, s'il en a été constitué, sinon à domicile, par un huissier commis par ladite ordonnance, les parties seront tenues de comparaître devant le commissaire, pour convenir des pièces de comparaison ; si le demandeur en vérification ne comparaît pas, la pièce sera rejetée ; si c'est le défendeur, le juge pourra tenir la pièce pour reconnue ; dans les deux cas, le jugement sera rendu à la prochaine audience sur le rapport du juge-commissaire, sans acte à venir plaider : il sera susceptible d'opposition.

Formule de Procédure pour faire admettre des Pièces de Comparaison.

A MM. les

Expose le sieur P..., propriétaire à..., que pour parvenir à la vérification d'écritures ordonnée par le jugement contradictoire intervenu le...., entre l'exposant et le sieur *Emery*, il entend produire tel et tel acte pour pièces de comparaison.

En conséquence, l'exposant recourt à ce qu'il vous plaise, MM., indiquer par votre ordonnance les jour et heure auxquels il vous plaira dresser procès-verbal de la présentation desdites pièces de comparaison, auquel acte sera appelé le sieur *Emery*.

En marge est écrit :

Vu l'expédition du jugement rendu le..., dûment enregistré, et l'exposé de la présente pétition, nous ordonnons qu'il sera procédé par nous, en la chambre du conseil du Tribunal, le...., heure de..., parties présentes, ou dûment appelées, à la réception des pièces de comparaison, ou rejet d'icelles, ainsi qu'il appartiendra (ou bien qu'il sera dressé procès-verbal aux fins de la présente), auquel effet nous avons commis l'huissier G...., pour l'exécution de notre présente ordonnance.

Fait le....

200. Si les parties ne s'accordent pas sur les pièces de comparaison, le juge ne pourra recevoir comme telles ,

1°. Que les signatures apposées aux actes par-devant notaires , ou celles apposées aux actes judiciaires , en présence du juge et du greffier, ou enfin les pièces écrites et signées par celui dont il s'agit de comparer l'écriture , en qualité de juge , greffier , notaire, avoué, huissier, ou comme faisant, à tout autre titre , fonction de personne publique ;

2°. Les écritures et signatures privées, reconnues par celui à qui est attribué la pièce à vérifier , mais non celles déniées ou non-reconnues par lui, encore qu'elles eussent été précédemment vérifiées et re-connues être de lui.

Si la dénégation ou méconnaissance ne porte que sur partie de la pièce à vérifier, le juge pourra ordonner que le surplus de ladite pièce servira de pièce de comparaison.

201. Si les pièces de comparaison sont entre les mains de dépositaires publics ou autres , le juge-commissaire ordonnera qu'aux jour et heure par lui indiqués , les détenteurs desdites pièces les apporteront au lieu où se fera la vérification ; à peine [contre les dépositaires publics d'être contraints par

corps , et les autres par les voies ordinaires , sauf même à prononcer contre ces derniers la contrainte par corps, s'il y échet.

202. Si les pièces de comparaison ne peuvent être déplacées , ou si les détenteurs sont trop éloignés , il est laissé à la prudence du tribunal d'ordonner , sur le rapport du juge-commissaire, et après avoir entendu le procureur impérial , que la vérification se fera dans le lieu de la demeure des dépositaires , ou dans le lieu le plus proche, ou que, dans un délai déterminé, les pièces seront envoyées au greffe par les voies que le tribunal indiquera par son jugement.

203. Dans ce dernier cas, si le dépositaire est personne publique , il fera préalablement expédition ou copie collationnée des pièces , laquelle sera vérifiée sur la minute ou l'original par le président du tribunal de son arrondissement qui en dressera procès-verbal : ladite expédition ou copie sera mise par le dépositaire au rang de ses minutes , pour en tenir lieu jusqu'au renvoi de la pièce , et il pourra en délivrer des grosses ou expéditions en faisant mention du procès-verbal qui aura été dressé.

Le dépositaire sera remboursé de ses frais par le demandeur en vérification , sur la taxe qui en sera faite par le juge qui aura dressé le procès-verbal , d'après lequel sera délivré exécutoire.

204. La partie la plus diligente fera sommer par exploit les experts et les dépositaires de se trouver aux lieu , jour et heure indiqués par l'ordonnance du juge commissaire : les experts à l'effet de prêter serment et de procéder à la vérification , et les dépositaires à l'effet de représenter les pièces de comparaison. Il sera fait sommation à la partie d'être présente , par acte d'avoué à avoué ; il sera dressé du tout procès-verbal : il en sera donné aux dépositaires copie par extrait en ce qui les concerne , ainsi que du jugement.

205. Lorsque les pièces seront représentées par les dépositaires , il est laissé à la prudence du juge commissaire d'ordonner qu'ils resteront présens à la vérification pour la garde desdites pièces , et qu'ils les retireront et représenteront à chaque vacation ; ou d'ordonner qu'elles resteront déposées ès mains du greffier qui s'en chargera par procès-verbal : dans ce dernier cas , le dépositaire , s'il est personne publique , pourra en faire expédition , ainsi qu'il est dit par l'article 203 ; et ce encore que le lieu où se fait la vérification soit hors de l'ar-

rondissement dans lequel le dépositaire a le droit d'instrumenter.

206. A défaut ou en cas d'insuffisance des pièces de comparaison, le juge commissaire pourra ordonner qu'il sera fait un corps d'écritures, lequel sera dicté par les experts, le demandeur présent ou appelé.

207. Les experts ayant prêté serment, les pièces leur étant communiquées ou le corps d'écritures fait, les parties se retireront, après avoir fait sur le procès-verbal du juge-commissaire, telles réquisitions et observations qu'elles aviseront.

208. Les experts procéderont conjointement à la vérification, au greffe, devant le greffier ou devant le juge, s'il l'a ainsi ordonné ; et s'ils ne peuvent terminer le même jour, ils remettront à jour et heure certains indiqués par le juge ou par le greffier.

209. Leur rapport sera annexé à la minute du procès-verbal du juge-commissaire, sans qu'il soit besoin de l'affirmer ; les pièces seront remises aux dépositaires qui en déchargeront le greffier, sur le procès-verbal.

La taxe des journées et vacations des experts sera faite sur le procès-verbal, et il en sera délivré exécutoire contre le demandeur en vérification.

210. Les trois experts seront tenus de dresser un rapport commun et motivé , et de ne former qu'un seul avis à la pluralité des voix.

S'il y a des avis différens , le rapport en contiendra les motifs , sans qu'il soit permis de faire connaître l'avis particulier des experts.

211. Pourront être entendus comme témoins ceux qui auront vu écrire ou signer l'écrit en question , ou qui auront connaissance de faits pouvant servir à découvrir la vérité.

212. En procédant à l'audition des témoins , les pièces déniées ou méconnues leur seront représentées , et seront par eux paraphées ; il en sera fait mention ainsi que de leur refus : seront au surplus observées les règles ci-après prescrites pour les enquêtes.

213. S'il est prouvé que la pièce est écrite ou signée par celui qui l'a déniée , il sera condamné à cent cinquante francs d'amende envers le domaine , outre les dépens , dommages-intérêts de la partie , et pourra être condamné par corps même pour le principal.

T I T R E X I.

Du faux Incident civil.

Le *Faux* incident est celui qui s'intente incidemment

dans le cours d'une procédure, soit que la cause soit d'audience, ou appointée, à l'effet de détruire et de faire déclarer fausse une pièce, dont la partie adverse prétend se servir dans la cause principale.

214. Celui qui prétend qu'une pièce signifiée, communiquée ou produite dans le cours de la procédure, est fausse et falsifiée, peut, s'il y échet, être reçu à s'inscrire en faux, encore que ladite pièce ait été vérifiée, soit avec le demandeur, soit avec le défendeur en faux, à d'autres fins que celles d'une poursuite de faux, principal ou incident ; et qu'en conséquence, il soit intervenu un jugement sur le fondement de ladite pièce comme véritable.

Voyez les art. 1ᵉʳ. et 2 du titre du *faux incident* de l'ordonnance de 1737 ; voyez aussi l'art. 1319 du code civil.

215. Celui qui voudra s'inscrire en faux, sera tenu préalablement de sommer l'autre partie par acte d'avoué à avoué, de déclarer si elle veut ou non ss servir de la pièce, avec déclaration que, dans le cas où elle s'en servirait, il s'inscrira en faux.

Formule de Sommation à l'une des parties du procès, de déclarer si elle entend se servir d'une Pièce que l'autre partie prétend être fausse.

B.., propriétaire à..., qui fait élection

de domicile chez . . . . , interpelle le sieur H.., à la personne et au domicile du sieur J.., son avoué, de déclarer nettement et précisément dans le délai de huit jours, s'il entend se servir de l'acte du... (ou de l'acte reçu tel notaire, le..), laquelle pièce il a produite dans le procès pendant entre eux au Tribunal de première instance de ... ; lui declarant que dans le cas où il voudrait s'en servir, il s'inscrira en faux, à la forme de la loi ; ce qui sera signifié sous toutes réserves de droit, dont acte.

Suit la signification.

216. Dans les huit jours la partie sommée doit faire signifier, par acte d'avoué, sa délaration signée d'elle ou du porteur de sa procuration spéciale et authentique, dont copie sera donnée, si elle entend ou non se servir de la pièce arguée de faux.

SOMMATION responsive du sieur H..,
par le ministère de son Avoué.

Le sieur H.., propriétaire à.., qui a vu la sommation qui lui a été signifiée le.., par exploit de.., au domicile de son avoué, à requête du sieur B.., lui déclare par le ministère du sieur J.., son avoué (ou par le ministère du sieur M.., son fondé de pouvoir, par acte reçu, etc., dûment enregistré), qu'il entend se servir de la pièce qu'il a produite au procès pendant entre eux au Tribunal de... , faisant toutes réserves de droit.

Suit la signification.

217. Si le défendeur à cette sommation ne fait cette déclaration , ou s'il déclare qu'il ne veut pas se servir de la pièce , le demandeur pourra se pourvoir à l'audience sur un simple acte , pour faire ordonner que la pièce maintenue fausse sera rejetée par rapport au défendeur ; sauf au demandeur à en tirer telles inductions ou conséquences qu'il jugera à propos , ou à former telles demandes qu'il avisera pour ses dommages-intérêts.

FORMULE de Citation dans le cas où le défendeur n'a pas répondu à la sommation faite par le demandeur, ou dans le cas où il déclare ne vouloir se servir de la pièce.

Le sieur B.. , etc. , qui a vu et examiné la sommation que lui a fait signifier le sieur H.. , daus laquelle il a déclaré qu'il n'entendait point se servir de la pièce produite au procès pendant entre eux au Tribunal de première instance de... (ou bien qui n'a pas fait de réponse à la sommation qu'il lui a fait signifier le.. , contenant interpellation de s'expliquer dans le délai fixé par la loi, s'il entendait se servir de telle pièce produite par lui au procès, etc.), dénonce par cette, l'audience au sieur H.., par-devant MM. les juges du Tribunal de.., à celle qui se tiendra le.., à telle heure.., pour ouïr dire que l'acte reçu, etc. (ou telle pièce produite par le défendeur), sera rejetée du procès, à l'égard de ce dernier, sauf au demandeur à s'en prévaloir et en tirer les inductions qu'il jugera à propos, et sans préjudice des dommages-intérêts dont il se réserve expressément de former la demande; le sieur H. ... condamné aux dépens de l'instance.

218. Si le défendeur déclare qu'il veut se servir de la pièce, le demandeur déclarera par acte, au greffe, signé de lui ou de son fondé de pouvoir spécial et authentique, qu'il entend s'inscrire en faux; il poursuivra l'audience sur un simple acte, à l'effet de faire admettre l'inscription, et faire nommer le commissaire devant lequel elle sera poursuivie.

FORMULE de la Procédure à faire, dans le cas de la déclaration fournie par le défendeur sous l'article 218.

Le sieur B.., qui a vu et examiné la

sommation responsive qui lui a été faite de la part du sieur H.. , le.. , et dans laquelle lui (ou son fondé de pouvoir) a déclaré qu'il entendait se servir de telle pièce , déclare par-devant D.. , greffier au Tribunal de.. , qu'il entend s'inscrire en faux contre ladite pièce , et poursuivre l'audience , à l'effet de faire admettre l'inscription de faux , et nommer le commissaire par-devant qui elle sera instruite.

Fait à.. , le... Signé *par la partie* ou *son fondé de pouvoir*.

B.. , etc.. , déclare au sieur H.. , que le.. de ce mois , il a fait au greffe du Tribunal de.. , sa déclaration qu'il entendait trancher l'inscription de faux contre telle pièce produite par le sieur H.. dans le procès , etc. , et poursuivre l'audience pour faire admettre ladite inscription de faux , et faire nommer un commissaire par-devant lequel elle serait instruite ; en conséquence le sieur B.. dénonce , aux fins de ladite déclaration , l'audience au sieur H.. , au.. de ce mois , pardevant MM. les juges du Tribunal , pour ouïr dire que l'inscription de faux contre ladite pièce (ou ledit acte) , sera admise , et qu'il sera député par le Tribunal un de MM. les juges , pour faire l'instruction à la forme de la loi.

Nota. En donnant copie de l'ordonnance, il faudra aussi donner copie de la déclaration faite au greffe.

Jugement conforme aux conclusions, signification du jugement au défendeur, avec interpellation de s'y conformer.

219. Le défendeur sera tenu de remettre la pièce arguée de faux au greffe, dans trois jours de la signification du jugement qui aura admis l'inscription et nommé le commissaire, et de signifier l'acte de mise au greffe dans les trois jours suivans.

220. Faute par le défendeur de satisfaire, dans ledit délai, à ce qui est prescrit par l'article précédent, le demandeur pourra se pourvoir à l'audience pour faire statuer sur le rejet de ladite pièce, suivant ce qui est porté en l'art. 217 ci-dessus ; si mieux il n'aime demander qu'il lui soit permis de remettre ladite pièce au greffe à ses frais, dont il sera remboursé par le défendeur comme des frais préjudiciaux ; à l'effet de quoi il en sera délivré exécutoire.

FORMULE de la dénonciation d'audience au défendeur qui n'a pas satisfait à la remise de la pièce, en conformité au jugement.

Le sieur B.., dénonce par cette, l'audience au sieur H.., au.., pour ouïr dire que faute par lui d'avoir exécuté le jugement rendu le.., la pièce (ou l'acte) par lui produite au procès, etc., sera rejetée dudit procès sous les réserves de droit..., ou bien qu'il sera permis au demandeur de faire au greffe du Tribunal la remise de la pièce ou de l'acte, et ce à ses frais, dont exécutoire demeurera décerné au demandeur, le défendeur condamné aux frais de l'audience.

221. En cas qu'il y ait minute de la pièce arguée de faux, il sera ordonné, s'il y a lieu, par le juge-commissaire, sur la requête du demandeur, que le défendeur sera tenu, dans le temps qui lui sera prescrit, de faire apporter la minute au greffe, et que les dépositaires d'icelles y seront contraints, les fonctionnaires publics par corps, et ceux qui ne le sont pas, par voie de saisie, amende, et même par corps s'il y échet.

222. Il est laissé à la prudence du tribunal d'ordonner, sur le rapport du juge-commissaire, qu'il sera procédé à la continuation de la poursuite du faux, sans attendre l'apport de la minute, comme aussi de statuer ce qu'il appartiendra, en cas que ladite minute ne pût être rapportée ou qu'il fût suffisamment justifié qu'elle a été soustraite ou qu'elle est perdue.

223. Le délai pour l'apport de la minute,

court du jour de la signification de l'ordonnance ou jugement au domicile de ceux qui l'ont en leur possession.

224. Le délai qui aura été prescrit au défendeur pour faire apporter la minute, courra du jour de la signification de l'ordonnance ou du jugement à son avoué ; et faute par le défendeur d'avoir fait les diligences nécessaires pour l'apport de la minute dans ce délai, le demandeur pourra se pourvoir à l'audience, ainsi qu'il est dit article 217.

Les diligences ci-dessus prescrites au défendeur, seront remplies en signifiant par lui aux dépositaires, dans le délai qui aura été prescrit, copie de la signification qui lui aura été faite de l'ordonnance ou du jugement ordonnant l'apport de ladite minute, sans qu'il soit besoin, par lui, de lever expédition de ladite ordonnance ou dudit jugement.

225. La remise de ladite pièce prétendue fausse étant faite au greffe, l'acte en sera signifié à l'avoué du demandeur, avec sommation d'être présent au procès-verbal ; et trois jours après cette signification, il sera dressé procès-verbal de l'éta de la pièce.

Si c'est le demandeur qui a fait faire la

remise, ledit procès-verbal sera fait dans les trois jours de ladite remise, sommation préalablement faite au défendeur d'y être présent.

226. S'il a été ordonné que les minutes seraient apportées, le procès-verbal sera dressé conjointement, tant desdites minutes que des expéditions arguées de faux, dans les délais ci-dessus : pourra néanmoins le tribunal ordonner, suivant l'exigence des cas, qu'il sera d'abord dressé procès-verbal de l'état desdites expéditions, sans attendre l'apport desdites minutes, de l'état desquelles il sera, en ce cas, dressé procès-verbal séparément.

227. Le procès-verbal contiendra mention et description des ratures, surcharges, interlignes et autres circonstances du même genre ; il sera dressé par le juge-commissaire, en présence du Procureur impérial, du demandeur et du défendeur, ou de leurs fondés de procurations authentiques et spéciales : lesdites pièces et minutes seront paraphées par le juge-commissaire et le procureur impérial, par le défendeur et par le demandeur, s'ils peuvent ou veulent les parapher ; sinon il en sera fait mention. Dans le cas de non-comparution de l'une ou l'autre des parties, il sera donné défaut et passé outre au procès-verbal.

*Formule du Procès-verbal de l'état de
la Pièce arguée de faux.*

L'an.., ou aujourd'hui..., en vertu de
notre ordonnance du.. et des précédens jugemens rendus au tribunal de.., les.., nous
étant transportés avec le sieur D.., notre
greffier, dans la chambre du conseil, assisté de H.., procureur impérial près ledit
tribunal, et en présence du sieur B...,
propriétaire à..., demandeur (ou de son
fondé de pouvoir par acte reçu le..., lequel demeurera annexé à notre présent
procès-verbal ; lequel a été paraphé par nous
et notre greffier), et du sieur H..., défendeur ; notre greffier nous a représenté
l'expédition d'un acte reçu ...., dûment
enregistré le...., lequel acte contient un
bail de tels et tels corps d'héritages, situés
à.., pour le cours de *neuf années*, moyennant le prix de.., ledit acte commençant
par ces mots : *L'an de.., et finissant par
ceux-ci : Fait, lu et passé en l'étude de..*
Ladite expédition en papier timbré, de telle
formule, représentant etc., contenant deux
feuillets ; à la première page, troisième ligne,
il y a une rature de deux mots, dont il nous
a été impossible de découvrir les linéamens,
même avec une loupe.

A la seconde page , ligne douze , il y a une surcharge de trois lettres.

A la troisième page, il y a une interligne entre la quatorzième et la quinzième ligne.

Nous avons remarqué que sur la quatrième page , ligne 6 , il y avait un blanc après les deux premiers mots , lequel blanc nous avons barré par deux lignes tirées transversalement.

Après quoi ladite expédition a été paraphée, tant par le sieur B... (ou son fondé de pouvoir) que par le sieur H.. , M. le procureur impérial , par nous et notre greffier , et tous lesdits comparans ont signé notre présent procès-verbal , avec nous et notre greffier.

228. Le demandeur en faux, ou son avoué, pourra prendre communication en tout état de cause , des pièces arguées de faux, par les mains du greffier , sans déplacement et sans retard.

229. Dans les huit jours qui suivront ledit procès-verbal, le demandeur sera tenu de signifier au défendeur ses moyens de faux, lesquels contiendront les faits, circonstances et preuves par lesquels il prétend établir le faux ou la falsification, sinon le défendeur pourra se pourvoir à l'audience pour faire ordonner, s'il y échet, que ledit deman-

deur demeurera déchu de son inscription en faux.

FORMULE de la Sommation contenant les moyens de Faux, à signifier par le demandeur, dans la huitaine qui suit le procès-verbal rapporté sous l'article 227.

L.. B.., etc.., qui continue son élection de domicile chez le sieur N.., son avoué constitué, déclare au sieur H.., en conséquence du procès-verbal dressé par-devant M., commissaire à ce députe, le.., lequel procès-verbal contient la description et l'état de l'expédition de l'acte reçu.., notaire, et son confrère, demeurant à..., produite par le sieur H., au procès pendant entre eux, le...;

Que cette expédition renferme plusieurs vices,

1°. Les deux feuilles de papier timbré sur lesquelles a été faite l'expédition dont il s'agit, sont empreintes d'une formule antérieure à celle qui avait lieu lors de ladite expédition, ce qu'il est facile de reconnaître en comparant l'empreinte des formules de l'an.. avec celle de l'an..;

2°. A la première page, troisième ligne, il y a une rature de *deux mots :* ces *deux mots* devaient contenir telles et telles énonciations;

3º. A la troisième page, ligne douze, il y a une surcharge de trois lettres : ces trois lettres changent absolument le sens de la clause qui devait être telle;

4º. A la troisième page, il y a une interligne entre la quatorzième et la quinzième ligne. Cette interligne n'a point été approuvée et n'aurait jamais dû exister; elle défigure la clause qui a été stipulée originairement entre les parties qui n'avaient pas même pensé à y insérer un seul mot de l'interligne infectée de fausseté;

5º. A la quatrième page, ligne 6, il y avait un blanc que M. le commissaire a barré lors de la confection du procès-verbal.

Le sieur B.. soutient que ce blanc aurait dû contenir tel et tel mots : qu'ayant recouru à la minute, il a aperçu un renvoi qu'on dit avoir été approuvé et signé par les parties contractantes, tandis que lui B. n'a jamais signé ce renvoi, et que la signature de son nom est fausse.

Tels sont les moyens de faux que le sieur B.. propose contre ledit acte du.., et qu'il requiert être signifiés à la personne ou domicile du sieur H.., faisant au surplus toutes réserves de droit.

Nota. Si le demandeur négligeait de proposer et faire signifier ses moyens de faux dans la huitaine qui suit le procès-verbal rappelé sous l'art. 227, le le défendeur peut faire signifier au demandeur l'acte qui suit :

Le sieur H.., etc., dénonce par cette au sieur R.., l'audience par-devant MM. les juges du Tribunal de.., au 21 de ce mois, heure de.., pour ouïr dire que faute par lui d'avoir proposé et fait signifier ses moyens de faux contre l'acte du.., dans le délai prescrit par l'article 231, il sera déclaré déchu de son inscription de faux.

230. Sera tenu le défendeur, dans les huit jours de la signification des moyens de faux, d'y répondre par écrit ; sinon le demandeur pourra se pourvoir à l'audience pour faire statuer sur le rejet de la pièce suivant ce qui est prescrit article 217 ci-dessus.

Formule de Réponse à la Sommation contenue sous l'article précédent.

Le sieur H.., etc., répondant à la sommation qui lui a été signifiée à requête du sieur B.., le.., contenant ses prétendus moyens de faux contre l'expédition de l'acte,

Dit pour réponse que les faux dont le

sieur B.. prétend que ladite expédition est infectée, sont imaginaires.

Ce qui sera signifié sous toutes réserves de droit.

Nota. Si le défendeur ne fournissait point de réponse, le demandeur pourrait se pourvoir pour faire prononcer le rejet de la pièce arguée de faux, suivant ce qui est dit sous l'art. 220.

231. Trois jours après lesdites réponses, la partie la plus diligente pourra poursuivre l'audience, et les moyens de faux seront admis ou rejetés en tout ou en partie ; il sera ordonné, s'il y échet, que lesdits moyens ou aucuns d'eux demeureront joints, soit à l'incident en faux, si quelques-uns desdits moyens ont été admis, soit à la cause ou au procès principal ; le tout suivant la qualité desdits moyens et l'exigence des cas.

Ensuite de la dénonciation d'audience faite à la requête de la partie la plus diligente, il intervient jugement qui peut être conçu en ces termes :

Entre le sieur B.., demandeur, etc.

Contre le sieur H.., défendeur, etc.

F A I T S.

Parties ouïes et le procureur impérial en ses conclusions ;

Le Tribunal, considérant sur le premier moyen de faux articulé par le sieur B.., dans son écrit du.., contre l'expédition de l'acte du.. , qu'il est bien vrai qu'à l'époque de ladite expédition , il existait une nouvelle empreinte du timbre apposé sur le papier destiné à faire les expéditions des actes notariés , et que l'expédition dont il s'agit a été faite sur un papier portant l'empreinte d'une formule antérieure , et qui remonte jusqu'à l'an.. ; mais qu'il est constaté par une lettre du directeur de la régie , que le papier de l'ancien timbre de l'an.. , devait encore avoir cours pendant six mois après la date de l'expédition de l'acte dont il s'agit ;

En conséquence , le Tribunal rejette le premier moyen de faux articulé par le sieur B..

Considérant que les cinq autres moyens articulés par le sieur B.. , sont pertinens et admissibles pour impugner l'expédition dont il s'agit , en ce que , 2.º , etc. ; 3.º , etc.

Le Tribunal a admis les moyens de faux , et les a joints à l'incident (ou à la cause principale), pour être statué ce qu'il appartiendra.

Ordonne qu'à la forme de l'article 234 ci-après , le demandeur fera preuve pardevant M.. , qui demeure à ce commis et député , tant par titres que par témoins , dans le délai et à la forme de la loi , des cinq moyens de faux par lui articulés contre l'expédition de l'acte du.., sauf au défendeur la preuve de tout fait contraire dans le même délai.

Voy. les art. 234 et 235.

Ordonne en outre que les parties conviendront de trois experts-écrivains dans le délai de trois jours, par-devant le commissaire, sinon et à défaut, qu'il en sera nommé d'office par le Tribunal, au nombre de trois, pour procéder à la vérification de la pièce arguée de faux, tous dommages-intérêts et dépens réservés.

Fait à.., le..

232. Le jugement ordonnera que les moyens admis seront prouvés, tant par titres que par témoins, devant le juge commis, sauf au défendeur la preuve contraire, et qu'il sera procédé à la vérification des pièces arguées de faux par trois experts-écrivains, qui seront nommés d'office par le même jugement.

Voyez les énonciations de la formule du jugement, sous le précédent article.

Nota. 1°. En exécution du jugement, le demandeur en inscription de faux, présente requête au juge-commissaire, dans la forme rappelée sous l'art. 199, concernant *la Vérification des Écritures.*

Les conclusions de la requête peuvent porter tant sur la preuve par titres, par témoins, que sur la nomination des experts.

(155)

L'ordonnance à intervenir diffère de celle dont on a présenté la formule sous l'article 199, en ce que il doit être dit que le procureur impérial assistera aux opérations relatives aux pièces de comparaison, etc.

L'ordonnance du commissaire pourra être conçue en ces termes :

« Vu le...., nous ordonnons que , parties présentes, ou dûment appelées , il sera procédé, en présence du procureur impérial, au procès-verbal de l'admission des pièces de comparaison, ou au rejet d'icelles ;

Que dans le même procès-verbal il sera donné acte aux parties de la nomination qui sera par elles faite des experts-écrivains pour procéder à la reconnaissance et vérification de l'expédition de l'acte argué de faux, à la vue des titres et pièces de comparaison qui leur seront remises entre les mains ;

Qu'à défaut ou refus par les parties de nommer lesdits experts, il en sera nommé par nous d'office ;

Que de suite , et après l'admission ou le rejet des pièces de comparaison , ensemble après la nomination des experts , il sera procédé à l'audition des témoins qui seront diligentés par les parties.

Auquel effet, et pour parvenir à l'exécution de notre présente ordonnance , nous avons commis l'huissier G.....

Fait à.....

En donnant copie de la pétition et de l'ordonnance à la suite , le demandeur fait sommation au défendeur , dans laquelle il lui indique les jour et heure auxquels il doit paraître par-devant le commissaire ; il désigne dans cette sommation , les nom , sur-nom , profession et demeure des témoins qui seront diligentés.

Nota 2°. Le demandeur pourra présenter requête

au commissaire pour faire ordonner l'apport de la minute au greffe du Tribunal , à la forme de l'article 225, et indiquer pour l'apport le même jour que celui de production des pièces de comparaison , et nomination des experts. *Voyez l'art. 223 ci-dessus.*

Nota 3.° Si le commissaire croit devoir, sur cette demande , en référer au Tribunal, il ne forme son ordonnance qu'après le jugement du Tribunal. *Voy. l'art. 224.*

Nota. 4°. En exécution de l'ordonnance (ou des ordonnances) du commissaire, il est donné acte au demandeur de la production des pièces de comparaison, de leur admission, ou du rejet d'icelles, sur les dires du défendeur.

Procès-verbaux de nomination d'Experts et d'Enquêtes.

M... , juge au Tribunal de première instance de l'arrondissement de . . . , savoir faisons que , cejourd'hui , en la chambre du conseil , assisté de N.... , notre greffier, et en présence de M. le procureur impérial , a comparu le sieur B... , assisté du sieur Q..., son avoué, lequel nous a dit qu'en exécution de notre ordonnance du...., dûment enregistrée , il a fait citer , par exploit de..., huissier par nous commis (*exprimer la date de l'exploit et celle de l'enregistrement*), le sieur H... , 1°. pour être présent au dépôt qu'il fait sur notre bureau de telles et telles pièces , pour servir de pièces

de comparaison dans le procès en inscription de faux pendant au Tribunal; 2°. pour
nommer un expert de sa part, comme le
comparant le fera de la sienne, et coopérer à
la nomination unanime d'un tiers expert, à
l'effet de procéder à la vérification de l'expédition arguée de faux ; 3°. et ensuite voir
produire les témoins, fournir les reproches,
si aucuns il a contre eux, pour après être
procédé à leur audition ; et attendu que le S^r.
H.... compare, assisté du Sr J. son avoué,
nous lui avons fait représenter par notre
greffier les deux pièces présentées par le demandeur pour servir de pièces de comparaison, pour après l'examen qu'il en va faire,
déclarer s'il ne s'oppose point à l'admission
desdites pièces, et en cas qu'il le fasse,
en expliquer les motifs.

Ledit sieur H...., examen fait de la première pièce, qui est un acte sous signature
privée, à la date du....., souscrite par le
sieur...., ce dernier a déclaré qu'il s'opposait à l'admission de la pièce pour servir
de pièce de comparaison, par telles et telles
raisons.

A l'égard de la seconde, qui est un acte
authentique reçu par notaire, et signé de
deux témoins, à la date du..., enregistré
le...., le sieur H.... a déclaré qu'il ne

s'opposait point à l'admission de cette pièce.

Idem, sur les autres pièces qui pourraient être présentées pour pièces de comparaison.

Le sieur B..... a répondu, etc.

Le sieur H.... a persisté à ses observations.

Sur quoi, ouï le procureur impérial en ses conclusions, nous avons admis pour pièces de comparaison, telles ou telles pièces, et avons rejeté telles autres. Les pièces admises pour la comparaison ont été à l'instant paraphées par les sieurs B..., H..., M. le procureur impérial, par nous et notre greffier, qui en demeure dépositaire, ainsi que de l'expédition de l'acte du...., et notre présent procès-verbal a été souscrit par toutes les parties ci-devant dénommées, nous et notredit greffier.

A l'instant le sieur B... nous a demandé acte de la nomination qu'il faisait pour son expert de la personne du sieur A....

Le sieur H. interpellé de déclarer s'il avait quelques motifs de récusation contre l'expert nommé par le sieur B..., il a répondu qu'il considérait le sieur A.... comme un parfait honnête homme, et très-versé dans la connaissance des écritures, et qu'il adhérait à la nomination faite par le sieur B.. ; que de sa part il commet pour son expert le sieur D.....

Le sieur B.....interpellé à son tour de déclarer s'il contestait la nomination du sieur D...., a déclaré qu'il n'avait aucuns motifs de récusation à proposer contre lui, et qu'il était versé dans l'art de vérifier les écritures ; qu'il consentait à sa nomination.

Et les deux parties ayant été par nous invitées à convenir d'un tiers expert, elles ont déclaré unanimement qu'elles nommaient pour tiers expert la personne du sieur G...., notaire en cette ville.

En conséquence, nous avons donné acte aux parties de la nomination respectivement faite de leurs experts, pour procéder à l'opération prescrite par le jugement du Tribunal du...., qu'à cet effet, les experts seront assignés par-devant nous à tel jour, pour prêter le serment en tel cas requis, en présence des parties, à la forme de l'art. 305, et procéder de suite à leur rapport ; en foi de quoi, nous nous sommes soussignés avec lesdits sieurs B...., H.... et notre greffier.

Après quoi nous avons, en présence desd. parties, ouvert le procès-verbal de l'enquête qui doit être faite en exécution du jugement et de notre ordonnance.

Le sieur B... nous a à l'instant représenté, toujours en présence du sieur N......, l'original de l'exploit contenant l'assignation aux quatre témoins par lui diligentés, à la tête duquel exploit est le réquisitoire portant qu'il sera donné copie aux témoins de la partie du dispositif du jugement qui ordonne que le faux dont est arguée l'expédition de l'acte du..., sera prouvé tant par titres que par témoins ; et qu'il leur sera en même temps donné copie de notre ordonnance du... ; led. exploit dûment enregistré, etc.

Et attendu que les sieurs N.. O.. Z.. R.. comparaissent, il nous a prié de recevoir leur serment, avec interpellation au sieur H... de fournir présentement les reproches qu'il peut avoir à faire contre lesdits témoins.

Le sieur H... a dit qu'il reprochait le sieur N..., premier témoin, attendu sa parenté avec l'épouse du sieur B... au degré de cousin germain.

Idem des autres.

Le sieur H... a déclaré au surplus qu'il protestait de l'inutilité et irrégularité de l'enquête.

Le sieur B... a nié positivement que le premier témoin diligenté par lui, fût cousin germain de son épouse, et lesdits sieurs B... et H... ont signé chacun pour ce qui concerne leurs dires.

Sur quoi, nous juge-commissaire susdit, avons donné acte aux parties de leurs dires, réserves et protestations ; et sans y préjudicier, nous avons procédé de suite, en présence desdites parties, à l'audition des témoins diligentés par le sieur B..., après avoir signé avec notre greffier notre présent procès-verbal.

A l'instant, et toujours en présence des parties dénommées ci-dessus, s'est présenté le sieur N.., propriétaire à.., âgé de..., lequel, après nous avoir représenté la copie de l'assignation à lui donnée par exploit de G..., huissier par nous commis, et avoir promis par serment de dire la vérité sur les faits dont il sera enquis, a déclaré n'être parent, allié, ni serviteur, ni domestique des parties au degré de cousin germain, n'é-tant, à ce qu'il croit, allié de la dame B.., qu'au sixième ou septième degré ; au sur-plus, qu'il ne connaît en sa personne aucuns motifs de reproches qui puissent l'empêcher de déposer dans l'affaire dont il s'agit.

Nous avons représenté au témoin telles pièces de comparaison.

Lecture faite par le témoin desdites pièces, il a déclaré sur la première telles et telles choses.

Sur la seconde, *idem.*

Le sieur H... nous a priés d'interpeller le témoin de s'expliquer sur tel et tel fait.

Nous avons interpellé le témoin de donner l'explication requise ; à laquelle interpellation déférant, il a dit que telle chose
s'était passée ainsi ; qu'il y avait eu tels propos tenus entre les parties en tel mois, tel
jour et telle maison, et en présence de telles
et telles personnes.

Lecture faite au témoin de sa déposition,
a dit icelle contenir vérité, y a persisté, et a
signé après avoir paraphé telles et telles
pièces. *Suit la signature du témoin.*

Nous avons requis le témoin de déclarer
s'il voulait taxe ; il a répondu affirmative-
ment, et en conséquence, nous lui avons
fait taxe de la somme de . . . .

S'est ensuite présenté le sieur O... (mêmes
formalités que dans la précédente déposition).

A la suite de la déclaration par lui faite,
le témoin nous a représenté un tel acte pour
pièce de comparaison (voyez l'art. 235 ci-
après), en déclarant que, etc.

Nota. 1°. Après la lecture de la déposition, on
fait parapher *comme dessus*, aux témoins, celles des
cinq pièces de comparaison précédemment produites,
et celle que le témoin présente est paraphée par lui,
le juge et le greffier.

Nous ordonnons que la pièce représentée
par le sieur O. . . . . , demeure jointe à la
procédure (ou à la déposition du témoin,

comme le porte l'art. 235), et notre greffier en demeure chargé comme dépositaire.

Nota 2°. A la forme du même article, si la pièce représentée par le témoin fait preuve du faux ou de la vérité de la pièce arguée, elle est représentée par le juge aux témoins qui sont entendus à la suite ; elle doit être par eux paraphée, ainsi que celles admises précédemment pour servir de pièces de comparaison.

233. Les moyens de faux qui seront déclarés pertinens et admissibles, seront énoncés expressément dans le dispositif du jugement qui permettra d'en faire preuve ; et ne sera fait preuve d'aucun autre moyen. Pourront néanmoins les experts faire telles observations dépendantes de leur art, qu'ils jugeront à propos, sur les pièces prétendues fausses, sauf aux juges à y avoir tel égard que de raison.

Nota. Le demandeur, en vertu de l'ordonnance du commissaire, doit faire citer les experts à jour et heure indiqués dans l'ordonnance du commissaire, pour prêter serment en présence de l'autre partie.

Le procès-verbal de prestation de serment, doit énoncer que le jugement qui a admis l'inscription de faux, l'expédition de l'acte du...., le procès-verbal qui en a été dressé, le jugement qui a admis les moyens de faux et ordonné le rapport d'experts, les pièces de comparaison (*en exprimer la quantité*), le procès-verbal de présentation d'icelles, et le jugement par lequel lesdites pièces, ainsi que la pièce de comparaison annexée à la déposition de tel témoin, ont été remises aux experts (*voyez l'article 236 ci-après*), lesquels experts prendront communication entre les mains du greffier, sans déplacer, de la minute dudit acte, du....

FORMULE *de Rapport d'Experts.*

L'an, etc.., nous, C.., demeurant à..., J.., demeurant à.., et G.., demeurant à..., experts nommés parprocès-verbal dressé par-devant M.., juge du Tribunal de première instance de., et commissaire cette part, après avoir prêté par-devant lui serment, en exécution de son ordonnance du.., nous nous sommes transportés au greffe dudit Tribunal, où ayant trouvé le sieur T.., greffier en icelui, avons exhibé l'assignation qui nous nous a été donnée à requête du sieur B.., le.., par exploit de..., huissier commis par M. le commissaire, pour vaquer aux opérations prescrites par les jugement de.. et ordonnance de M. le commissaire;

En conséquence, ledit sieur T.., greffier, nous a remis entre les mains, 1°. le jugement (voy. la note ci-dessus, pour faire l'énumération de toutes les pièces qui ont dû être remises aux experts); nous ayant en même temps représenté la minute dudit acte du.., pour en faire l'examen sans déplacer, avec offre de nous en aider toutes les fois que nous en aurions besoin pendant le cours de nos opérations.

Examen fait des différentes pièces qui nous ont été remises, c'est-à-dire de l'expédition de l'acte du.., de la minute dudit acte, des pièces de comparaison, des moyens de faux proposés contre ladite expédition arguée de faux, nous sommes unanimement demeurés d'accord et du même avis que nous allons expliquer.

A l'égard des pièces de comparaison, elles ont entre elles le rapport et la convenance nécessaires et suffisans, pour que nous puissions assurer que la signature Bertrand apposée sur lesdites pièces, a été faite par une seule et même main; et par la comparaison desdites pièces avec la signature apposée sur la minute de l'acte de.., rappelé dans l'expédition dudit acte, nous avons reconnu au premier aspect, qu'il semblait que ladite signature Bertrand, apposée aubas du renvoi qui se trouve sur la minute dudit acte, avait beaucoup de conformité avec la signature apposée sur les pièces de comparaison, même avec la signature Bertrand apposée sur la minute de l'acte au-dessous du renvoi.

Mais, en examinant en détail la signature Bertrand apposée au bas du renvoi de la minute, nous avons reconnu que le corps de ladite signature, a toutes les marques et apparences d'avoir été imitée sur quelques signatures semblables à celles apposées sur les pièces de comparaison ; nous avons en effet remarqué que la signature B.., apposée au bas du renvoi de la minute de l'acte, est destituée de l'air de la franchise et du naturel, de l'habitude et du train d'écrire qui se remarque aux signatures des pièces de comparaison.

La signature Bertrand au bas du renvoi est composée de traits et effets de plume lents et traînés doucement, avec précaution et en hésitant, ce qui est la marque la plus évidente d'une imitation ; nous avons remarqué des lettres de ladite signature rechargées et grossies d'encre, notamment la lettre R qui est la troisième du nom, et la dernière qui est un D ; ce qui a été probablement fait pour faire, s'il était possible, disparaître les défauts de la première trace de ladite signature.

De ces observations il résulte, et nous nous croyons fondés à assurer que ladite signature apposée au bas du renvoi de la minute, a été contre-tirée sur la signature qui se trouve sur la pièce qui a été représentée par le sieur A.., dans le procès-verbal d'enquête, ce que nous avons vérifié par la mesure que nous avons prise avec le compas , premièrement sur l'étendue de ladite signature maintenue fausse , en posant une des branches du compas sur la première lettre *B* , et la dernière partie ou dernier trait de la lettre *D* , dernière de ladite signature , et en faisant la même opération sur la signature Bertrand apposée au bas de ladite pièce de comparaison.

Nous avons encore fait les mêmes observations avec le compas sur chacune des lettres de ladite signature Bertrand , sur leurs distance, hauteur et étendue ; nous y avons reconnu une égalité complète , avec la signature apposée au bas de la pièce de comparaison sur laquelle nous nous expliquons.

Mais pour nous confirmer de plus fort dans notre opinion que ladite signature maintenue fausse , a été contre-tirée sur signature pareille , nous avons apposé et calqué les deux signatures Bertrand , celle qui se trouve au bas du renvoi de l'acte du., et celle apposée au bas de la pièce de comparaison , l'une sur l'autre bien exactement : et les ayant dans cet état examinées à la grande lumière du jour , nous avons reconnu bien clairement que l'une et l'autre se couvrent exactement et avec tant de justesse, qu'il semble qu'il n'y ait qu'une signature.

Nous ne pouvons en conséquence, que persister à notre opinion, qui est que, pour parvenir à faire la signature qui se trouve au bas du renvoi de l'acte du.. , il a fallu recourir à un contre-tirement, étant certains que personne ne peut écrire et signer plus d'une fois avec une égalité parfaite, et dans un point si juste et si bien compassé, comme cela se remarque dans lesdites deux signatures, et nous avons paraphé lesdites pièces.

Tel est notre rapport que nous avons fait au plus près de nos consciences, en présence du greffier qui nous a donné communication de toutes les pièces relatives à notre rapport, et que nous sommes prêts à affirmer sincère et véritable.

Fait à.. , le..

234. En procédant à l'audition des témoins, seront observées les formalités ci-après prescrites pour les enquêtes : les pièces prétendues fausses leur seront représentées et paraphées d'eux, s'ils peuvent ou veulent les parapher ; sinon il en sera fait mention.

A l'égard des pièces de comparaison et autres qui doivent être représentées aux experts, elles pourront l'être aussi aux témoins en tout ou en partie, si le juge-commissaire l'estime convenable ; auquel cas elles seront

par eux paraphées ainsi qu'il est ci-dessus
prescrit.

Voyez, pour les détails de cet article, les notes
sous les art. 232 et 233.

235. Si les témoins représentent quelques
pièces lors de leur déposition, elles y demeureront jointes, après avoir été paraphées,
tant par le juge-commissaire que par lesdits témoins, s'ils peuvent ou veulent le faire ;
sinon il en sera fait mention, et si lesdites
pièces font preuve du faux ou de la vérité
des pièces arguées, elles seront représentées
aux autres témoins qui en auraient connaissance ; et elles seront par eux paraphées
suivant ce qui est ci-dessus prescrit.

Voyez les formules des dépositions des témoins sous
l'art. 232.

236. La preuve par experts se fera en la
forme suivante :

1°. Les pièces de comparaison seront con-
venues entre les parties ou indiquées par le
juge, ainsi qu'il est dit à l'art. 200, titre
de la Vérification des Écritures ;

2°. Seront remis aux experts, le jugement qui aura admis l'inscriptiou de faux,
les pièces prétendues fausses ; le procès-
verbal de l'état d'icelles, le jugement qui
aura admis les moyens de faux et ordonné
le rapport d'experts, les pièces de compa-

raison, lorsqu'il en aura été fourni ; le procès-verbal de présentation d'icelles, et le jugement par lequel elles auront été reçues ; les experts mentionneront dans leur rapport la remise de toutes les pièces susdites et l'examen auquel ils auront procédé sans pouvoir dresser aucun procès-verbal ; ils parapheront les pièces prétendues fausses ;

Dans le cas où les témoins auraient joint des pièces à leur déposition, la partie pourra requérir, et le juge-commissaire ordonner qu'elles seront représentées aux experts;

3°. Seront au surplus observées audit rapport les règles prescrites au titre *de la Vérification des Écritures.*

237. En cas de récusation, soit contre le juge-commissaire, soit contre les experts, il y sera procédé ainsi qu'il est prescrit aux titres XIV et XV du présent livre.

238. Lorsque l'instruction sera achevée, le jugement sera poursuivi sur un simple acte.

239. S'il résulte de la procédure des indices de faux ou de falsification, et que les auteurs ou complices soient vivans et la poursuite du crime non éteinte par la prescription, d'après les dispositions du code pénal, le président délivrera mandat d'amener contre les prévenus, et remplira à

cet égard les fonctions d'officier de police judiciaire.

Voyez dans l'instruction pour la procédure criminelle, du 21 octobre 1791, page 71, la *Formule du mandat d'amener*, en conséquence du jugement qui prononce sur la fausseté de la pièce arguée de faux.

Nota 1.° Le jugement qui prononce sur le faux dont est affectée la minute de l'acte, doit être rendu après avoir ouï le procureur impérial auquel toutes les pièces de la procédure ont dû être communiquées.

Nota 2.° Après l'examen fait par le Tribunal de toutes les pièces produites au procès, et de tous les actes et procès-verbaux dont on a soin de rappeler les dates, le Tribunal prononce sur les conclusions du procureur impérial, que la signature apposée au bas du renvoi, faite sur la minute de l'acte du....., est fausse (ou n'est pas fausse), et conséquemment que l'expédition de l'acte ne peut mériter aucune foi (ou doit avoir son entière exécution).

Ensuite de quoi le président du Tribunal, faisant les fonctions d'officier de police judiciaire, décerne un mandat d'amener contre le notaire qui a écrit le renvoi au bas de la minute de l'acte du....., et qui a fait l'expédition d'icelui, ainsi que contre H....... qui s'est prévalu de l'expédition dudit acte, en soutenant que B.... avait apposé sa signature au bas du renvoi de la minute.

240. Dans le cas de l'article précédent, il sera sursis à statuer sur le civil, jusqu'après le jugement sur le faux.

241. Lorsqu'en statuant sur l'inscription de faux, le tribunal aura ordonné la sup-

pression, la lacération ou la radiation **en**
tout ou en partie, même la réformation ou
le rétablissement des pièces déclarées fausses,
il sera sursis à l'exécution de ce chef de jugement tant que le condamné sera dans le
délai de se pourvoir par appel, requête civile ou cassation, ou qu'il n'aura pas formellement et valablement acquiescé au jugement.

242. Par le jugement qui interviendra sur
le faux, il sera statué ainsi qu'il appartiendra
sur la remise des pièces, soit aux parties,
soit aux témoins qui les auront fournies ou
représentées ; ce qui aura lieu, même à l'é-
gard des pièces prétendues fausses, lorsqu'elles ne seront pas jugées telles. A l'égard
des pièces qui auront été tirées d'un dépôt
public, il sera ordonné qu'elles seront remises aux dépositaires, ou renvoyées par les
greffiers de la manière prescrite par le tribunal, le tout sans qu'il soit rendu séparément un autre jugement sur la remise des
pièces, laquelle néanmoins ne pourra être
faite qu'après le délai prescrit par l'article
précédent.

243. Il sera sursis, pendant ledit délai, à
la remise des pièces de comparaison ou autres, si ce n'est qu'il en soit autrement ordonné par le tribunal, sur la requête des

dépositaires desdites pièces , ou des parties qui auraient intérêt de la demander.

244. Il est enjoint aux greffiers de se conformer exactement aux articles précédens, en ce qui les regarde, à peine d'interdiction, d'amende qui ne pourra être moindre de cent francs, et des dommages-intérêts des parties, même d'être procédé extraordinairement , s'il y échet.

245. Pendant que lesdites pièces demeureront au greffe , les greffiers ne pourront délivrer aucune copie ni expédition des pièces prétendues fausses , si ce n'est en vertu d'un jugement. A l'égard des actes dont les originaux ou minutes auront été remis au greffe, et notamment des registres sur lesquels il y aurait des actes non argués de faux, lesdits greffiers pourront en délivrer des expéditions aux parties qui auront droit d'en demander, sans qu'ils puissent prendre de plus grands droits que ceux qui seraient dus aux dépositaires desdits originaux ou minutes. Et sera le présent article exécuté sous les peines portées par l'article précédent.

S'il a été fait par les dépositaires des minutes desdites pièces des expéditions pour tenir lieu desdites minutes, en exécution de l'article 2o3 du titre de la *Vérification des*

Ecritures ; lesdits actes ne pourront être expédiés que par lesdits dépositaires.

246. Le demandeur en faux qui succombera sera condamné à une amende qui ne pourra être moindre de trois cents francs, et à tels dommages - intérêts qu'il appartiendra.

247. L'amende sera encourue toutes les fois que l'inscription en faux ayant été faite au greffe, et la demande à fin de s'inscrire admise, le demandeur s'en sera désisté volontairement ou aura succombé, ou que les parties auront été mises hors de procès, soit par le défaut de moyens ou de preuves suffisantes, soit faute d'avoir satisfait, de la part du demandeur, aux diligences et formalités ci-dessus prescrites ; ce qui aura lieu, en quelques termes que la prononciation soit conçue, et encore que le jugement ne portât point condamnation d'amende : le tout quand même le demandeur offrirait de poursuivre le faux par la voie extraordinaire.

248. L'amende ne sera pas encourue, lorsque la pièce, ou une des pièces arguées de faux, aura été déclarée fausse en tout ou en partie, ou lorsqu'elle aura été rejetée de la cause ou du procès, comme aussi lorsque la demande à fin de s'inscriré en faux n'aura pas été admise, et ce de quelques termes que

les juges se soient servis pour rejeter ladite demande, ou pour n'y avoir pas d'égard.

249. Aucune transaction sur la poursuite du faux incident ne pourra être exécutée, si elle n'a été homologuée en justice, après avoir été communiquée au ministère public, lequel pourra faire à ce sujet telles réquisitions qu'il jugera à propos.

350. Le demandeur en faux pourra toujours se pourvoir, par la voie criminelle, en faux principal ; et dans ce cas, il sera sursis au jugement de la cause, à moins que les juges n'estiment que le procès puisse être jugé indépendamment de la pièce arguée de faux.

251. Tout jugement d'instruction ou définitif, en matière de faux, ne pourra être rendu que sur les conclusions du ministère public.

TITRE XII.

Des Enquêtes.

Voyez la définition que l'on a donnée des enquêtes au titre 7 du livre 1.er, art. 34.

252. Les faits dont une partie demandera à faire preuve, seront articulés succinctement par un simple acte de conclusions sans écriture ni enquête.

Ils seront également par un simple acte,

déniés ou reconnus dans les trois jours, sinon ils pourront être tenus pour confessés ou avérés.

Nota 1°. La partie qui veut faire preuve de quelques faits, les articule clairement et distinctement, en insistant, s'il est besoin, sur les différentes circonstances qui les ont accompagnés.

Nota 2°. Il paraît par le texte de la loi, que les faits peuvent être consignés dans une simple sommation, avec interpellation d'avouer ou de dénier les faits.

253. Si les faits sont admissibles, qu'ils soient déniés, et que la loi n'en défende pas la preuve, elle pourra être ordonnée.

Nota. Si le défendeur fait une réponse, en contestant les faits articulés par le demandeur, celui-ci poursuit l'audience pour faire ordonner la preuve des faits qu'il a articulés dans l'acte signifié au défendeur.

254. Le tribunal pourra aussi ordonner d'office la preuve des faits qui lui paraîtront concluans, si la loi ne le défend pas.

255. Le jugement qui ordonnera la preuve contiendra,

1.° *Les faits à prouver* (1) ;

2.° La nomination du juge devant qui l'enquête sera faite.

Si les témoins sont trop éloignés, il pourra

---

(1) Afin que celui qui est chargé de faire l'enquête sache exactement quelle est sa commission, et que ses témoins ne chargent point leur déposition de faits inutiles et étrangers à l'enquête.

être ordonné que l'enquête sera faite devant un juge commis par un tribunal désigné à cet effet.

Voy. pour la formule du jugement qui admet les faits, celle qui se trouve sous l'art. 134 du titre 6 du liv. 1.er

Nota. Le même appointement doit contenir la commission du juge qui doit vaquer à l'enquête ; et le cas échéant, la nomination du juge commis, lorsque l'enquête se fait sur des lieux éloignés du Tribunal où l'affaire est pendante : en ce dernier cas, il faut que l'appointement contienne une commission rogatoire.

256. La preuve contraire sera de droit ; la preuve du demandeur et la preuve contraire seront commencées et terminées dans les délais fixés par les articles suivans.

257. Si l'enquête est faite au même lieu où le jugement a été rendu, ou dans la distance de trois myriamètres, elle sera commencée dans la huitaine du jour de la signification à avoué. Si le jugement est rendu contre une partie qui n'avait point d'avoué, le délai courra du jour de la signification à personne ou domicile : ces délais courent également contre celui qui a signifié le jugement, le tout à peine de nullité.

Si le jugement est susceptible d'opposition, le délai courra du jour de l'expiration des délais de l'opposition.

Voy. le Commentaire de *Jousse* sous l'art. 2 du titre 22 de l'ordonnance de 1667, note 2.

258. Si l'enquête doit être faite à une plus grande distance, le jugement fixera le délai dans lequel elle sera commencée.

259. L'enquête est censée commencée, pour chacune des parties respectivement, par l'ordonnance qu'elle obtient du juge-commissaire, à l'effet d'assigner les témoins aux jour et heure par lui indiqués.

En conséquence, le juge-commissaire ouvrira les procès-verbaux respectifs par la mention de la réquisition et de la délivrance de son ordonnance.

Voyez la formule du procès-verbal d'*Enquête* sous l'art. 232.

260. Les témoins seront assignés à personne ou domicile. Ceux domiciliés dans l'étendue de trois myriamètres du lieu où se fait l'enquête, le seront au moins un jour avant l'audition ; il sera ajouté un jour par trois myriamètres pour ceux domiciliés à une plus grande distance. Il sera donné copie à chaque témoin du dispositif du jugement, seulement en ce qui concerne les faits admis, et de l'ordonnance du juge-commissaire ; le tout à peine de nullité des dépositions des témoins envers lesquels les formalités ci-dessus n'auraient pas été observées.

Voyez comme dessus.

261. La partie sera assignée pour être présente à l'enquête au domicile de son avoué, si elle en a constitué, sinon à son domicile, le tout trois jours au moins avant l'audition. Les noms, professions, demeures des témoins à produire contre elle, lui seront notifiés, le tout à peine de nullité comme ci-dessus.

Voyez la note première, sous l'art. 239, au titre du *faux Incident*.

262. Les témoins seront entendus séparément, tant en présence qu'en l'absence des parties.

Chaque témoin, avant d'être entendu, déclarera ses noms, profession, âge et demeure ; s'il est parent ou allié des parties, à quel degré ; s'il est serviteur ou domestique de l'une d'elles ; il fera serment de dire vérité, le tout à peine de nullité.

263. Les témoins défaillans seront condamnés par ordonnances du juge-commissaire, qui seront exécutoires, nonobstant opposition ou appel, à une somme qui ne pourra être moindre de dix francs, au profit de la partie, à titre de dommages-intérêts ; ils pourront de plus être condamnés par la même ordonnance à une amende qui ne pourra excéder la somme de cent francs.

Les témoins défaillans seront réassignés à leurs frais.

264. Si les témoins réassignés sont encore défaillans, ils seront condamnés, et par corps, à une amende de cent francs ; le juge-commissaire pourra même décerner contre eux un mandat d'amener.

265. Si le témoin justifie qu'il n'a pu se présenter au jour indiqué, le juge-commissaire le déchargera, après sa déposition, de l'amende et des frais de réassignation.

266. Si le témoin justifie qu'il est dans l'impossibilité de se présenter au jour indiqué, le juge-commissaire lui accordera un délai suffisant, qui néanmoins ne pourra excéder celui fixé pour l'enquête ; on se transportera pour recevoir la déposition ; si le temoin est éloigné, le juge commissaire renverra devant le président du tribunal du lieu, qui entendra le témoin ou qui commettra un juge. Le greffier de ce tribunal fera parvenir de suite la minute du procès-verbal au greffe du tribunal où le procès est pendant, sauf à lui à prendre exécutoire pour les frais contre la partie, à la requête de qui le temoin aura été entendu.

267. Si les témoins ne peuvent être entendus le même jour, le juge-commissaire

remettra à jour et heure certains; et il ne sera donné nouvelle assignation ni aux témoins ni à la partie, encore qu'elle n'ait pas comparu.

268. Nul ne pourra être assigné comme témoin, s'il est parent ou allié en ligne directe de l'une des parties, ou son conjoint, même divorcé.

269. Les procès-verbaux d'enquête contiendront la date des jour et heure, les comparutions ou défauts des parties et témoins, la représentation des assignations, les remises à autres jour et heure, si elles sont ordonnées, à peine de nullité.

270. Les reproches seront proposés par la partie ou par son avoué avant la déposition du témoin, qui sera tenu de s'expliquer sur iceux; ils seront circonstanciés et pertinens, et non en termes vagues et généraux. Les reproches et les explications du témoin seront consignés dans le procès-verbal.

271. Le témoin déposera sans qu'il soit permis de lire aucun projet écrit. Sa déposition sera consignée sur le procès-verbal; elle lui sera lue, et il lui sera demandé s'il y persiste, le tout à peine de nullité : il lui sera demandé aussi s'il requiert taxe.

272. Lors de la lecture de sa déposition,

le témoin pourra faire tels changemens et additions que bon lui semblera ; ils seront écrits à la suite ou à la marge de sa déposition ; il lui en sera donné lecture , ainsi que de la déposition , et mention en sera faite ; le tout à peine de nullité.

Voyez les dépositions faites sous l'art. 232.

273. Le juge-commissaire pourra , soit d'office , soit sur la réquisition des parties ou de l'une d'elles , faire aux témoins les interpellations qu'il croira convenables pour éclaircir sa déposition ; les réponses du témoin seront signées de lui , après lui avoir été lues , ou mention sera faite s'il ne veut ou ne peut signer ; elles seront également signées du juge et du greffier ; le tout à peine de nullité.

Voyez les notes du même art. 232.

274. La déposition du témoin , ainsi que les changemens et additions qu'il pourra y faire , seront signées par lui , le juge et le greffier ; et si le témoin ne veut ou ne peut signer , il en sera fait mention , le tout à peine de nullité. Il sera fait mention de la taxe , s'il la requiert , ou de son refus.

Voyez *idem.*

275. Les procès-verbaux feront mention de l'observation des formalités prescrites par les articles 261 , 262 , 269 , 270 , 271 ,

272 , 273 et 274 ci-dessus ; ils seront à la fin
signés par le juge et le greffier, et par les
parties si elles le veulent ou le peuvent ; en
cas de refus il en sera fait mention , le tout
à peine de nullité.

Voyez *Jousse* sur l'art. 20 , titre 22 de l'Ordonnance
de 1667.

276. La partie ne pourra ni interrompre
le témoin dans sa déposition ni lui faire aucune interpellation directe ; mais sera tenue
de s'adresser au juge-commissaire , à peine
de dix francs d'amende , et de plus forte
amende , même d'exclusion en cas de récidive ; ce qui sera prononcé par le juge-
commissaire. Ses ordonnances seront exécutoires , nonobstant appel ou opposition.

277. Si le témoin requiert taxe , elle sera
faite par le juge-commissaire sur la copie
de l'assignation , et elle vaudra exécutoire :
le juge fera mention de la taxe sur son
procès-verbal.

Voyez la déposition du premier témoin sous l'art.
232.

278. L'enquête sera respectivement para-
chevée dans la huitaine de l'audition des
premiers témoins , à peine de nullité , si le
jugement qui l'a ordonnée n'a fixé un plus
long délai.

279. Si néanmoins l'une des parties de-

mande prorogation dans le délai fixé pour la confection de l'enquête, le tribunal pourra l'accorder.

Voyez comme dessus, art. 232.

280. La prorogation sera demandée sur le procès-verbal du juge-commissaire, et ordonnée sur le référé qu'il en fera à l'audience, au jour indiqué par son procès-verbal, sans sommation ni à venir, si les parties ou leurs avoués ont été présens. Il ne sera accordé qu'une seule prorogation, à peine de nullité.

281. La partie qui aura fait entendre plus de cinq témoins sur un même fait, ne pourra répéter les frais des autres dépositions.

Voyez la note de Jousse, sous l'art. 21 du titre 22 de l'ordonnance de 1667, dans laquelle il dit que sur des faits articulés en matière d'incendie, la partie peut faire entendre plus de dix témoins, et il en cite un arrêt de la Grand-Chambre, du 16 mai 1744, rapporté par *Lacombe*, en sa Jurisprudence civile, au mot *témoin*, sect. 3, édit. de 1753.

282. Aucun reproche ne sera proposé après la déposition, s'il n'est justifié par écrit.

Voyez, pour cet article, la note sous l'art. 36 du titre des *Enquêtes*, liv. 1er.

283. Pourront être reprochés,

Les parens ou alliés de l'une ou de l'autre des parties, *jusqu'au degré de cousin-ger-*

main inclusivement (1) , les parens et alliés des conjoints au degré ci-dessus, si le conjoint est vivant , ou si la partie ou le témoin en a des enfans vivans. En cas que le conjoint soit décédé , et qu'il n'ait pas l'aissé des descendans, pourront être reprochés les parens et alliés en ligne directe , les frères , *beaux-frères, sœurs et belles-sœurs* (2).

Observations sur les différens reproches à fournir contre les témoins.

(1) Il est des cas où la déposition des parens n'est pas rejetable ; mais au contraire est la plus importante et la plus nécessaire , 1°. quand il s'agit de prouver l'âge, le mariage, la mort de quelqu'un. Voyez M. de Castellan, liv. IX, chap. 7, page 271 , qui fait une distinction ; 2°. s'il est question de prouver une parenté ou alliance, comme dans le cas d'une récusation. Voyez l'art. 251 du code civil.

Voyez Theveneau , sur les Ordonnances, liv. 3, titre 13 , art. 5.

(2) On peut cependant faire entendre les *frères , sœurs , etc.* lorsqu'il s'agit de vérifier un fait qui s'est passé dans le secret d'une famille , voy. *Leprêtre,* centurie 3 , chap. 19; ou lorsqu'il s'agit de soustraction ou recelés des fonds d'une succession, voyez Bornier sur cet article : Chorrier sur Guipape , liv. 5 , sect. 4, art. 7, rapporte un arrêt du 28 août 1671, *consultis classibus,* qui jugea qu'une sœur pouvait être témoin dans un procès entre ses deux

Pourront aussi être reprochés, le témoin *héritier présomptif ou donataire* (1); celui qui aura bu et mangé avec la partie et à ses frais, depuis la prononciation du jugement qui a *ordonné l'enquête* (2); celui qui aura donné des certificats sur les faits *relatifs au procès* (3); les serviteurs et domestiques; le témoin en état d'accusation; celui qui aura été condamné *à une peine afflictive* (4) ou

---

frères; *Masuer*, dans sa pratique, titre 17, n°. 7, est du même avis.

(1) L'intérêt qui lie le témoin avec le testateur ou le donateur, doit le faire écarter comme suspect.

(2) Si le témoin a été corrompu ou séduit; et cette séduction est toujours présumée, lorsque le témoin a reçu quelque présent de la partie, et lorsqu'il a bu et mangé chez elle ou avec elle depuis l'assignation pour déposer, ce qui dépend encore des circonstances et de la qualité des personnes.

(3) Un reproche de droit, c'est lorsque le témoin est singulier ou unique dans ce qu'il dépose, qu'il est vacillant, qu'il se contredit, qu'il ne rend pas raison de sa déposition, qu'il ne parle que sur la foi d'autrui, pour avoir ouï dire; qu'il dépose des choses impertinentes; qu'il a copié, dans les mêmes termes, la déposition d'un autre témoin : *Qui unum eundemque sermonem meditatum attulerit.* Ce qui est un argument de subornation, selon la loi 3ᵉ. ff. *de testibus*; c'en serait encore un autre, s'il eût donné sa déposition par écrit.

(4) Il faut faire grande attention que le témoin n'est

infamante , ou même à une peine correctionnelle pour cause de vol.

Le témoin reproché sera entendu dans sa
déposition.

Nota. Le juge-commissaire , malgré les reproches
fournis contre les témoins , ne laisse pas de les entendre , en donnant acte aux parties de tous leurs
dires , reserves et protestations.

Voyez , sous l'art. 134, le procès-verbal d'*Enquête.*

285. Pourront les individus âgés *de moins
de quinze ans* (1) révolus , être entendus ,
sauf à avoir à leurs dépositions tel égard
que de raison.

---

pas réputé infame pour cela seul qu'il a été emprisonné ou décrété il faut que le décret et l'emprisonnement ayent été suivis d'un jugement de condamnation. S'il y a appel suivant la maxime *appella-
tio extinguit judicatum ,* le témoin est réputé pendant le cours de cette appellation , *integri statûs ,*
sauf , en ce cas , à avoir par le juge tel égard que
de raison à sa déposition.

Le témoin est réputé infame , s'il a composé pour
de l'argent sur quelque crime qui ait pu entraîner contre
lui quelque peine aflictive ou infamante : *intelligitur
confiteri crimen qui pascissitur.* Leg. 4 et 5, ff. *de
his qui not. infam.*

(1) Ils ne pouvaient être entendus autrefois en
matière civile, suivant la loi 3, § 5, et leg. 19, §
1er. ff. *de testibus ,* et leur témoignage n'était admis
qu'en matière criminelle, avec la réserve *quanta fides.*

286. Le délai pour faire enquête étant expiré, la partie la plus diligente fera signifier à avoué copie des procès-verbaux, et poursuivra l'audience sur un simple acte.

287. Il sera statué sommairement sur les reproches.

Nota. Il faut observer, 1°. qu'il y a certains reproches dont on ne reçoit que des preuves écrites, parce que les faits sur lesquels ils sont fondés sont de nature à être prouvés par écrit, comme ceux fondés sur la condamation du témoin, sur la qualité de débiteur au-delà de la somme de 150 fr.; sur un procès, parce qu'il y a peu de condamnation sans sentences écrites, de dettes enregistrées, au-delà de 150 fr.; à l'égard des *reproches* d'un autre genre, on admet la preuve par témoin;

2°. On peut être reçu à prouver en cause d'appel les reproches proposés devant les premiers juges suivant Rebuffe, sur les Ordonn. *Tract. de rapp. test.* part. 11, gl. 1, n°. 7;

3°. Si une personne a produit en sa faveur un témoin dans un procès, elle ne peut le reprocher dans un autre, à moins qu'il soit survenu quelques nouvelles causes, leg. 17, cod. *de testibus,* et moins encore si c'est dans le même procès.

On comprend que si les reproches sont appuyés sur des pièces écrites, il est bien facile aux juges de statuer préliminairement et dans le même *jugement,* sur le mérite d'iceux.

288. Si néanmoins le fond de la cause était en état, il pourra être prononcé sur le tout par un seul jugement.

289. Si les reproches proposés avant la déposition ne sont justifiés par écrit, la partie sera tenue d'en offrir la preuve, et de désigner les témoins : autrement elle n'y sera plus reçue, le tout sans préjudice des réparations , dommages et intérêts , qui pourraient être dûs au témoin reproché.

290. La preuve , s'il y échet , sera ordonnée par le tribunal , sauf la preuve contraire , et sera faite dans la forme ci-après règlée pour les enquêtes sommaires. Aucun reproche ne pourra y être proposé , s'il n'est justifié par écrit.

291. Si les reproches sont admis , la déposition du témoin reproché ne sera point lue.

292. L'enquête ou la déposition déclarée nulle par la faute du juge-commissaire , sera recommencée à ses frais ; les délais de la nouvelle enquête ou de la nouvelle audition de témoins , courront du jour de la signification du jugement qui l'aura ordonnée ; la partie pourra faire entendre les mêmes témoins ; et si quelques-uns ne peuvent être entendus , les juges auront tel égard que de raison aux dépositions par eux faites dans la première enquête.

Voyez la note sous l'article ci-dessus.

293. L'enquête déclarée nulle par la faute

de l'avoué ou par celle de l'huissier, **ne** sera pas recommencée, mais la partie pourra en répéter les frais contre eux, même des dommages et intérêts, en cas de·manifeste négligence ; ce qui est laissé à l'arbitrage du juge.

294. La nullité d'une ou plusieurs dépositions n'entraîne pas celle de l'enquête.

TITRE XIII.

Des Descentes sur les Lieux.

295. Le tribunal pourra, dans le cas où il le croira nécessaire, ordonner que l'un des juges se transportera sur les lieux ; mais il ne pourra l'ordonner dans les matières où il n'échoit qu'un simple rapport d'experts, s'il n'en est requis par l'une ou par l'autre des parties.

Nota. Suivant l'ancienne jurisprudence, les parties devaient requérir le transport du juge.

Il ne paraît pas que cette ancienne forme soit abrogée, et si l'une des parties demandait une descente de commissaire sur les lieux, on pense que cette procédure serait aussi régulière que celle qui est prescrite d'office par le juge.

296. Le jugement commettra l'un des juges qui y auront assisté.

297. Sur la requête de la partie la plus diligente, le juge-commissaire rendra une

ordonnance qui fixera les lieu, jour et heure de la descente ; la signification en sera faite d'avoué à avoué, et vaudra sommation.

Nota. L'ordonnance du commissaire est formée sur une pétition ou requête présentée dans la forme exprimée dans les articles ci-dessus.

298. Le juge-commissaire fera mention sur la minute de son procès-verbal, des jours employés aux transport, séjour et retour.

299. L'expédition du procès-verbal sera signifiée par la partie la plus diligente aux avoués des autres parties ; et trois jours après elle pourra poursuivre l'audience sur un simple acte.

300. La présence du ministère public ne sera nécessaire que dans le cas où il sera lui-même partie.

301. Les frais du transport seront avancés par la partie requérante, et par elle consignés au greffe.

TITRE XIV.
Des Rapports d'Experts.

302. Lorsqu'il y aura lieu à un rapport d'experts, il sera ordonné par un jugement, lequel énoncera clairement les objets de l'expertise.

Voyez le procès-verbal de nomination d'experts, dressé sous l'art. 232, au titre du *faux Incident.*

3o3. L'expertise ne pourra se faire que par trois experts, à moins que les parties ne consentent qu'il soit procédé par un seul.

3o4. Si lors du jugement qui ordonne l'expertise, les parties se sont accordées pour nommer les experts, le même jugement leur donnera acte de nomination.

Nota. L'ancienne jurisprudence dispensait d'appeler la partie à la prestation du serment.

La fonction des experts est libre, à la différence des sequestres et des gardiens; aussi, lorsque des experts assignés devant le juge ou commissaire, refusent de comparaître ou d'accepter la fonction dont on veut les charger, tout ce que le juge ou le commissaire peut faire, est d'ordonner qu'il en soit nommé d'autres.

Il peut arriver des cas néanmoins où les juges pourraient contraindre des experts à prêter leur ministère; par exemple, dans des cas provisoires ou autres cas de nécessité, autrement il serait difficile, et quelquefois même impossible d'en trouver qui voulussent accepter.

Voyez Jousse, au titre 21, art. 10, note 2, page 352.

Lorsque les parties ou le juge nomment des experts sans leur consentement, ces experts assignés seront tenus de comparoir pour déférer à l'assignation et s'excuser, ou de faire signifier un acte pour déclarer qu'ils ne veulent ou ne peuvent accepter cette commission, et on doit en nommer d'autres; mais si une fois les experts ont prêté leur serment, ils ont par là accepté la commission, et ne peuvent plus s'excuser, à moins qu'il ne soit survenu quelque raison : supposons que dans le cours de la procédure, un expert devînt parent ou débiteur d'une des parties, il pourrait être récusé, et il faudrait en nommer un autre et recommencer la procédure *ad hoc* avec celui-ci, parce que le rapport doit être en entier l'ouvrage des mêmes experts.

Si un des experts tombe malade, il faut surseoir à la procédure jusqu'à sa guérison ; ou si on la croit trop éloignée, il faut faire nommer un autre expert, et recommencer la procédure : dans ces deux cas, c'est à la partie qui l'avait nommé, à le remplacer.

305. Si les experts ne sont pas convenus par les parties, le jugement ordonnera qu'elles seront tenues d'en nommer dans les trois jours de la signification, sinon qu'il sera procédé à l'opération par les experts qui seront nommés d'office par le même jugement.

Ce même jugement nommera le juge-commissaire qui recevra le serment des experts convenus ou nommés d'office ; pourra néanmoins le tribunal ordonner que les experts prêteront leur serment devant le juge de paix du canton où ils procéderont.

306. Dans le délai ci-dessus, les parties qui se seront accordées pour la nomination des experts, en feront leur déclaration au greffe.

Nota. Cet article contient une exception à la disposition de l'art. 304 ci-dessus.

307. Après l'expiration du délai ci-dessus,

la partie la plus diligente prendra l'ordonnance du juge, et fera sommation aux experts nommés par les parties ou d'office pour
faire leur serment, sans qu'il soit nécessaire
que les parties y soient présentes.

3o8. Les récusations ne pourront être proposées que contre les experts nommés d'office, à moins que les causes n'en soient survenues depuis la nomination et avant le
serment.

3o9. La partie qui aura des moyens de
récusation à proposer, sera tenue de le faire
dans les trois jours de la nomination, par
un simple acte signé d'elle ou de son man-
dataire spécial, contenant les causes de récusation et les preuves, si elle en a, ou
l'offre de les vérifier par témoins ; le délai
ci-dessus expiré, la récusation ne pourra
être proposée ; et l'expert prêtera serment
au jour indiqué par la sommation.

310. Les experts pourront être récusés par
les motifs pour lesquels les témoins peuvent
être reprochés.

311. La récusation contestée sera jugée
sommairement à l'audience sur un simple
acte et sur les conclusions du ministère public ; les juges pourront ordonner la preuve
par témoins, laquelle sera faite dans la forme
ci-après prescrite pour les enquêtes sommaires.

312. Le jugement sur la récusation sera exécutoire, nonobstant l'appel.

313. Si la récusation est admise, il sera d'office, par le même jugement, nommé un nouvel expert ou de nouveaux experts à la place de celui ou de ceux récusés.

314. Si la récusation est rejetée, la partie qui l'aura faite sera condamnée en tels dommages et intérêts qu'il appartiendra, même envers l'expert, s'il le requiert ; mais dans ce dernier cas, il ne pourra demeurer expert.

Voyez la formule du rapport d'experts sous l'article 232.

315. Le procès-verbal de prestation de serment contiendra indication, par les experts, du lieu, du jour et de l'heure de leur opération.

En cas de présence des parties ou de leurs avoués, cette indication vaudra sommation.

En cas d'absence, il sera fait sommation aux parties, par acte d'avoué, de se trouver aux jour et heure indiqués par les experts.

316. Si quelque expert n'accepte point la nomination ou ne se présente point, soit pour le serment, soit pour l'expertise aux jour et heure indiqués, les parties s'accorderont sur-le-champ pour en nommer un autre à sa place ; sinon la nomination pourra être faite d'office par le tribunal.

L'expert qui après avoir prêté serment, ne remplira pas sa mission, pourra être condamné par le tribunal qui l'avait commis, à tous les frais frustratoires, et même aux dommages-intérêts, s'il y échet.

317. Le jugement qui aura ordonné le rapport, et les pièces nécessaires seront remis aux experts; les parties pourront faire tels dires et observations qu'elles jugeront convenables; il en sera fait mention dans le rapport; il sera rédigé sur les lieux contentieux, ou dans le lieu et aux jour et heure qui seront indiqués par les experts.

La rédaction sera écrite par un des experts et signée par tous; s'ils ne savent pas tous écrire, elle sera écrite et signée par le greffier de la justice de paix du lieu où ils auront procédé.

318. Les experts dresseront un seul rapport; ils ne formeront qu'un seul avis à la pluralité des voix.

Ils indiqueront néanmoins, en cas d'avis différens, les motifs des divers avis, sans faire connaître quel a été l'avis personnel de chacun d'eux.

319. La minute du rapport sera déposée au greffe du tribunal qui aura ordonné l'expertise, sans nouveau serment de la part des experts; leurs vacations seront taxées

par le président au bas de la minute , et il en sera délivré exécutoire contre la partie qui aura requis l'expertise ou qui l'aura poursuivie , si elle a été ordonnée d'office.

320. En cas de retard ou de refus de la part des experts , de déposer leur rapport , ils pourront être assignés à trois jours , sans préliminaire de conciliation , par-devant le tribunal qui les aura commis , pour se voir condamner , même par corps , s'il y échet , à faire ledit dépôt ; il y sera statué sommairement et sans instruction.

321. Le rapport sera levé et signifié à avoué par la partie la plus diligente ; l'audience sera poursuivie sur un simple acte.

322. Si les juges ne trouvent point dans le rapport les éclaircissemens suffisans , ils pourront ordonner d'office une nouvelle expertise , par un ou plusieurs experts qu'ils nommeront également d'office , et qui pourront demander aux précédens experts les renseignemens qu'ils trouveront convenables.

323. Les juges ne sont point astreints à suivre l'avis des experts , si leur conviction s'y oppose.

TITRE XV.

De l'Interrogatoire sur Faits et Articles.

324. Les parties peuvent, en toute matière et

en tout état de cause, demander de se faire interroger respectivement sur faits et articles pertinens concernant seulement la matière dont est question, sans retard de l'instruction ni du jugement.

Nota. 1°. On peut faire répondre le père et la mère dans la cause de l'enfant. Lapeyrière, L...... décis. 16.

2°. On ne peut faire répondre l'avoué dans la cause de son client sur chose de son fait. *Boniface*, tome 1.er, page 108, titre 38.

3°. On ne peut forcer la mère de la partie à répondre sur faits et articles; jugé le 19 février 1646. Un juge, de son office, ne peut ordonner les réponses; jugé par le même arrêt.

4°. Les tuteurs ne sont point obligés de répondre sur faits et articles pour le fait de leur mineur. Voyez *GILLET*, *traité des tutelles*, *maxime 53*, page 375. Voyez la loi 3°. *de jurejurando.*

5°. L'on ne peut faire interroger sur faits et articles ceux qui ne font point partie au procès, encore qu'ils eussent une entière et parfaite connaissance du fait, et qu'ils y fussent même impliqués, suivant qu'il a été jugé par un arrêt du parlement de Dijon, rapporté par Bouvot, en ses Arrêts, tome 1.er, partie 2, sous le mot *acheteurs*, quest. 1.re Voy. Lange, page 461, édition de 1712.

Il faut cependant excepter de cette règle la femme qui, quoiqu'elle ne soit pas partie au procès, peut être obligée de répondre sur les faits et articles qui sont de sa connaissance, lorsque son mari agit ou est poursuivi seul pour cause mobilière le concernant. Voyez Lange, *ibid.*, et les auteurs qu'il cite.

On n'est pas obligé de répondre sur des faits *qui criminis causam annexam habent. Fab.*, *cod. de reb. cred. déf. 9*; ou sur une question de droit, Arrêt de *Tournet*, tom. 1, chap. 34.

6°. Il est permis, en répondant à charge, d'alléguer par ses réponses ses exceptions à décharge; Arrêt de Tournet, tome 1, page 167. Bourdin, sur les articles 37 et 38 de l'Ordonnance de 1539, dit qu'une partie est excusée de répondre précisément, si les faits sont anciens.

325. L'interrogatoire ne pourra être ordonné que sur requête contenant les faits, et par jugement rendu à l'audience; il y sera procédé, soit devant le président, soit devant un juge par lui commis.

326. En cas d'éloignement, le président pourra commettre le président du tribunal dans le ressort duquel la partie réside, ou le juge de paix du canton de cette résidence.

Nota. Le juge d'un Tribunal de première instance doit être invité par commission *rogatoire*, à la différence du juge de paix qui est commis sans autre forme.

327. Le juge commis indiquera, au bas de l'ordonnance qui l'aura nommé, les jour et heure de l'interrogatoire; le tout sans qu'il soit besoin de procès-verbal contenant réquisition ou délivrance de son ordonnance.

328. En cas d'empêchement légitime de la partie, le juge se transportera au lieu où elle est retenue.

329. Vingt-quatre heures au moins avant l'interrogatoire, seront signifiés par le même exploit, à personne ou domicile, la requête et les ordonnances du tribunal, du président ou du juge qui devra procéder à l'interrogatoire, avec assignation donnée par un huissier qu'il aura commis à cet effet.

330. Si l'assigné ne comparaît pas, ou refuse de répondre après avoir comparu, il en sera dressé procès-verbal sommaire, et les faits pourront être tenus pour avérés.

331. Si ayant fait défaut sur l'assignation il se présente avant le jugement, il sera interrogé, en payant les frais du premier procès-verbal et de la signification, sans répétition.

332. Si au jour de l'interrogatoire la partie assignée justifie d'empêchement légitime, le juge indiquera un autre jour pour l'interrogatoire, sans nouvelle assignation.

333. La partie répondra en personne, sans pouvoir lire aucun projet de réponse par écrit, et sans assistance de conseil, aux faits contenus en la requête, même à ceux sur lesquels le juge l'interrogera d'office : les réponses seront précises et pertinentes sur chaque fait, et sans aucun terme calomnieux ni injurieux; celui qui aura requis l'interrogatoire ne pourra y assister.

Nota. Quelques mauvais praticiens qui n'ont jamais entendu la signification du mot catégorique, ont cru que quand le juge ordonne qu'une partie répondra catégoriquement, cela signifie qu'en cas de dénégation, on fera preuve vocale ; c'est une erreur grossière : car, répondre catégoriquement ne signifie autre chose que répondre par *ouï* et par *non*; autrefois on répondait par *crédit* et *non crédit* : l'Ordonnance de 1539 a aboli cet usage par l'art. 36. *Néron*, sur cet art. , remarque que l'usage d'à présent est de répondre catégoriquement, c'est-à-dire, par *affirmation* et *dénégation* ; car la même Ordonnance de 1539, art. 38, dit qu'on ne peut poser les faits qui sont de la connaissance du répondant, par *non*. Il faut voir ce que *Bourdin* remarque là-dessus , et la loi 4 , ff. *de interrogationibus.*

334. L'interrogatoire achevé sera lu à la partie , avec interpellation de déclarer si elle a dit vérité et persiste. Si elle ajoute , l'addition sera rédigée en marge de l'interrogatoire , ou à la suite ; elle lui sera lue, et il lui sera fait la même interpellation : elle signera l'interrogatoire et les additions ; et si elle ne veut ou ne sait signer , il en sera fait mention.

335. La partie qui voudra faire usage de l'interrogatoire, le fera signifier , sans qu'il puisse être un sujet d'écritures de part ni d'autre.

336. Seront tenues les administrations d'établissemens publics de nommer un administrateur ou agent pour répondre sur les faits

et articles qui leur auront été communiqués ;
ils donneront à cet effet un pouvoir spécial,
dans lequel les réponses seront expliquées et
affirmées véritables, sinon les faits pourront
être tenus pour avérés, sans préjudice de
faire interroger les administrateurs et agens
sur les faits qui leur seront personnels, pour
y avoir, par le tribunal, tel égard que de
raison.

TITRE XVI.

DES INCIDENS.

§ I.er

Des Demandes incidentes.

337. Les demandes incidentes seront formées par un simple acte contenant les moyens
et conclusions, avec offre de communiquer
les pièces justificatives sur récépissé ou par
dépôt au greffe.

Le défendeur à l'incident donnera sa réponse par un simple acte.

FORMULE d'une Demande incidente.

A MM. les juges du Tribunal de première
instance de l'arrondissement de.... ,

Expose P..., que dans le procès pendant
par-devant vous entre lui et le sieur B...,
il s'agit de déclarer si le mur qui sépare les
cours des parties sera déclaré mitoyen, et à
quelle hauteur en partant du rez de chausée.
Sans attendre votre décision sur cette ques-

tion, le sieur B.... s'est permis de faire des ouvertures dans ce mur séparatif, et d'y infixer des poutres sur toute l'épaisseur du mur ; ce qui n'est autorisé ni par les anciennes lois, ni par les nouvelles, et qui est contraire aux règles de l'art.

Ce fait d'infixation de la manière ci-devant exprimée, ne peut être dénié par le défendeur ; et s'il s'avisait de le faire, il suffirait que l'un de MM. les juges du Tribunal prît la peine de se transporter sur les lieux pour la vérification du fait ; ce qui éviterait les frais dispendieux d'une expérience.

Par ces considérations, l'exposant recourt à ce qu'il vous plaise, MM., vu l'exposé de la présente, lui donner acte de la demande incidente qu'il forme, à ce que dans le cas où il serait décidé, en statuant sur la contestation principale, que le mur contentieux est mitoyen et doit rester élevé à la hauteur où il est actuellement, il soit dit que contre tous droits, et en contravention aux règles de l'art, le S.ʳ B... s'est permis de faire quatre ouvertures dans le mur, et d'y placer des poutres sur toute l'épaisseur dudit mur ; qu'audit cas ci-dessus expliqué (relativement à la demande principale), le sieur B... sera condamné à retirer ses poutres et à ne les appuyer que sur la moitié dudit mur conten-

tieux ; comme encore à rétablir les dégradations qu'il y a faites, sinon permis à l'exposant de le faire à ses frais , dont exécutoire lui demeurera décerné contre ledit B...,
qui sera condamné en outre aux dépens de
la demande incidente. Subsidiairement, et
dans le cas où ledit B. ... dénierait le fait
d'infixation de ses poutres sur toute l'épaisseur du mur , il soit ordonné en ce cas, et
avant faire droit, que les parties conviendront d'experts, sinon et à refus ou défaut,
qu'il en sera nommé d'office , à l'effet de
reconnaître ladite infixation : dépens en ce
cas, de la demande incidente réservés.

Ordonner au surplus que le sieur B. . . ..
viendra à l'audience au jour indiqué pour la
plaidoirie de la cause principale ; et ferez bien.

En marge est écrit : Acte de la demande
incidente, et viennent les parties à l'audience.

338. Toutes demandes incidentes seront
formées en même temps ; les frais de celles
qui seraient proposées postérieurement, et
dont les causes auraient existé à l'époque des
premières , ne pourront être répétées.

Les demandes incidentes seront jugées par
préalable , s'il y a lieu ; et dans les affaires
sur lesquelles il aura été ordonné une instruction par écrit , l'incident sera porté à

l'audience, pour être statué ce qu'il appartiendra.

§ 11.

De l'Intervention.

L'INTERVENTION est une voie dont on se sert pour se rendre incidemment partie en un procès.

Pour y parvenir, on doit, en cause d'appel, de même qu'en première instance, présenter une requête, qui contienne les moyens d'intervention, et donner copie des pièces justificatives.

339. L'intervention sera formée par requête qui contiendra les moyens et conclusions dont il sera donné copie, ainsi que des pièces justificatives.

Nota. On peut former une requête en ces termes :

FORMULE de Requête en Intervention.

A MM. les juges du Tribunal de première instance séant à... ,

Expose L..., laboureur, demeurant à... , qu'il est propriétaire d'une maison située audit lieu de... , tenant de couchant par l'un des angles d'icelle au mur séparatif des cours de P..., propriétaire audit lieu, et B...., propriétaire au même lieu ;

Que l'angle du bâtiment de l'exposant est enlié avec le mur des parties ci-dessus dénommées, de manière qu'il y a un pied et demi d'épaisseur de son bâtiment infixé dans le mur de ses deux voisins ;

Cependant il vient d'apprendre que B..., sans consulter l'exposant, sans faire attention au peu de solidité du mur contentieux entre lui et P..., avait fait quatre ouvertures dans ledit mur, et y avait placé des poutres ; ce qui annonce de sa part l'intention d'élever un bâtiment qui aura pour le moins un étage.

Le mur dont il s'agit n'étant qu'un mur de clôture de l'épaisseur d'un pied et demi, et n'étant pas assis sur des fondations solides, ne pourrait à coup sûr supporter le poids considérable de la construction que ledit B.... se propose de faire ; il y aurait, comme vous le voyez, MM., un péril presque certain pour l'exposant, s'il n'arrêtait pas B... dans sa téméraire entreprise ; puisque si le mur dont il s'agit venait à s'écrouler, il entraînerait dans sa chute l'angle du bâtiment de l'exposant.

Le droit qu'a eu l'exposant d'enlier l'angle de son bâtiment avec le mur séparatif des cours des autres parties, est établi sur un acte en bonne forme et à l'abri de toute critique ; il remonte en l'an 1760, les auteurs des sieurs P... et B... y ont paru : c'est une transaction reçue S..., notaire, dûment contrôlée.

Par ces considérations, l'exposant recourt

à ce qu'il vous plaise, MM., vu la transaction du... et l'exposé de la présente, lui donner acte de l'intervention qu'il forme au procès (ou bien le recevoir partie intervenante au procès) pendant par - devant vous entre les sieurs P... et B..., etc. permettre à l'exposant de faire venir à votre audience lesdits P... et B..., pour ouïr dire que B... sera tenu de faire reconstruire le mur séparatif entre lui et P..., en lui donnant deux pieds et demi de largeur dans ladite fondation, et deux pieds à commencer du rez de chaussée, de manière que l'angle du bâtiment de l'exposant ne soit pas exposé à être entraîné dans la chute d'un mur insuffisant pour soutenir le poids énorme de la construction que ledit B... se propose de faire ; ledit B... condamné aux dépens de l'instance.

Subsidiairement demander l'expérience.

En marge est écrit : Permis de faire venir à l'audience pour faire recevoir l'intervention à tel jour (s'il s'agit d'une instance ordinaire);

Ou bien, Acte de l'intervention, et soit signifié aux parties du procès (si l'affaire est instruite par écrit).

Nota. En ce dernier cas, s'il y a contestation, l'incident se porte à l'audience.

340. L'intervention ne pourra retarder le

jugement de la cause principale , quand elle sera en état.

341. Dans les affaires sur lesquelles il aura été ordonné une instruction par écrit , si l'intervention est contestée par l'une des parties , l'incident sera porté à l'audience.

TITRE XVII.

Des Reprises d'Instance et Constitution de nouvel Avoué.

342. Le jugement de l'affaire qui sera en état ne sera différé ni par le changement d'état des parties , ni par la cessation des fonctions dans lesquelles elles procédaient , ni par leur mort , ni par les décès , démissions , interdictions , ou destitutions de leurs avoués.

Nota. Lorsqu'on fait assigner en constitution de nouvel avoué , il ne doit point être donné copie du dernier errement de la procédure , à la différence de ce qui s'observe dans les assignations en reprises d'instance.

343. L'affaire sera en état lorsque la plaidoirie sera commencée ; la plaidoirie sera réputée commencée quand les conclusions auront été contradictoirement prises à l'audience.

Dans les affaires qui s'instruisent par écrit , la cause sera en état quand l'instruction sera

complète, ou quand les délais pour les productions et réponses seront expirés.

344. Dans les affaires qui ne seront pas
en état, toutes procédures faites postérieurement à la notification de la mort de l'une
des parties, seront nulles : il ne sera pas besoin de signifier les décès, démissions, interdictions ni destitutions des avoués ; les poursuites faites et les jugemens obtenus depuis
seront nuls, s'il n'y a constitution de nouvel
avoué.

345. Ni le changement d'état des parties,
ni la cessation des fonctions dans lesquelles
elles procédaient, n'empêcheront la continuation des procédures.

Néanmoins le défendeur qui n'aurait pas
constitué avoué avant le changement d'état,
ou le décès du demandeur, sera assigné de
nouveau à un délai de huitaine, pour voir
adjuger les conclusions, et sans qu'il soit
besoin de conciliation préalable.

346. L'assignation en reprise ou constitution sera donnée aux délais fixés au titre
des *Ajournemens*, avec indication des noms
des avoués qui occupaient, et du rapporteur,
s'il y en a.

347. L'instance sera reprise par acte d'a-
voué à avoué.

348. Si la partie assignée en reprise con-

teste, l'incident sera jugé sommairement.

349. Si, à l'expiration du délai, la partie assignée en reprise ou en constitution ne comparaît pas, il sera rendu jugement qui tiendra la cause pour reprise, et ordonnera qu'il sera procédé suivant les derniers erremens, et sans qu'il puisse y avoir d'autres délais que ceux qui restaient à courir.

350. Le jugement rendu par défaut contre une partie, sur la demande en reprise d'instance ou en constitution de nouvel avoué, sera signifié par un huissier commis; si l'affaire est en rapport, la signification énoncera le nom du rapporteur.

351. L'opposition à ce jugement sera portée à l'audience, même dans les affaires en rapport.

TITRE XVIII.

Du Désaveu.

352. Aucunes offres, aucun aveu ou consentement ne pourront être faits, donnés ou acceptés sans un pouvoir spécial, à peine de désaveu.

FORMULE de Désaveu contre un Avoué.

Cejourd'hui...., an..., avant midi, au greffe du Tribunal de première instance de l'arrondissement de..., et par-devant moi

G..., greffier en chef dudit Tribunal, a comparu le sieur M..., propriétaire à..., lequel a demandé acte de la déclaration qu'il fait, qu'il désavoue le sieur B..., qui, en sa qualité d'avoué, occupait pour lui dans l'instance pendante à ce Tribunal entre le comparant et le sieur J..., marchand à.....;

Que le désaveu qu'il tranche contre ledit sieur B.. est fondé sur ce que ce dernier a fait, par acte du..., des offres qui entraînent la perte du procès du comparant contre le sieur J..; que ses offres ont été faites sans aucun pouvoir donné par le comparant au sieur B..., ni sans aucune approbation postérieure; dans ces circonstances le comparant, qui est exposé à subir une condamnation très-préjudiciable à sa fortune, a été conseillé de conclure à ce que le sieur B... soit tenu d'intervenir en son propre et privé nom, au procès pendant au Tribunal entre le comparant et ledit sieur J.., pour faire prononcer sur les demandes, fins et conclusions du comparant à l'encontre dudit sieur J.., avec dépens; sinon condamné à payer (ou à faire telle chose), comme encore à garantir le comparant de toutes les adjudications que ledit sieur J... pourrait obtenir contre lui activement et passivement, avec dépens actifs et passifs;

Que ledit sieur J.. sera en outre condamné en mille francs de dommages-intérêts , à raison des fausses démarches qu'il a occasionnées et qu'il occasionnera au comparant, et aux dépens de cette demande.

Déclarant au surplus le comparant qu'il constitue pour son avoué le sieur P.. , pour occuper pour lui tant contre le sieur J.. que le sieur B.. , et s'est ledit sieur comparant soussigné avec nous.

353. Le désaveu sera fait au greffe du tribunal qui devra en connaître, par un acte signé de la partie ou du porteur de sa procuration spéciale et authentique : l'acte contiendra les moyens , conclusions et constitution d'avoué.

Nota. Conformément à la disposition de cet article et à celle du précédent, la partie qui a tranché le désaveu fait donner copie de l'acte qui le contient à tous les avoués qui occupent dans la cause.

354. Si le désaveu est formé dans le cours d'une instance encore pendante , il sera signifié sans autre demande par acte d'avoué , tant à l'avoué contre lequel le désaveu est dirigé qu'aux autres avoués de la cause, et ladite signification vaudra sommation de défendre au désaveu.

355. Si l'avoué n'exerce plus ses fonctions, le désaveu sera signifié par exploit à son

domicile : s'il est mort, le désaveu sera signifié à ses héritiers, avec assignation au
tribunal où l'instance est pendante, et notifiée aux parties de l'instance, par acte
d'avoué à avoué.

356. Le désaveu sera toujours porté au
tribunal devant lequel la procédure désa-
vouée aura été instruite, encore que l'instance dans le cours de laquelle il est formé
soit pendante en un autre tribunal ; le désaveu sera dénoncé aux parties de l'instance
principale, qui seront appelées dans celle
du désaveu.

357. Il sera sursis à toute procédure et
au jugement de l'instance principale jusqu'à
celui du désaveu, à peine de nullité ; sauf
cependant à ordonner que le désavouant
fera juger le désaveu dans un délai fixé,
sinon qu'il sera fait droit.

358. Lorsque le désaveu concernera un
acte sur lequel il n'y a point instance, la demande sera portée au tribunal du défendeur.

359. Toute demande en désaveu sera communiquée au ministère public.

360. Si le désaveu est déclaré valable,
le jugement ou les dispositions du jugement relatives aux chefs qui ont donné lieu
au désaveu, demeureront annullées et comme
non avenues. Le désavoué sera condamné

envers le demandeur et les autres parties en tous dommages - intérêts, même puni d'interdiction ou poursuivi extraordinairement, suivant la gravité du cas et la nature des circonstances.

Nota. Une partie ne peut désavouer son avoué d'un consentement prêté, ou autre acte où elle a été présente ou partie ; et si l'avoué est désavoué sans cause, il doit avoir ses dommages-intérêts et dépens. Arrêts des 6 mars et 12 mai 1564. *Papon*, liv. 6, tit. 4, nombre 22.

361. Si le désaveu est rejeté, il sera fait mention du jugement de rejet en marge de l'acte de désaveu, et le demandeur pourra être condamné envers le désavoué et les autres parties, en tels dommages et réparations qu'il appartiendra.

362. Si le désaveu est formé à l'occasion d'un jugement qui aura acquis force de chose jugée, il ne pourra être reçu après la huitaine, à dater du jour où le jugement devra être réputé éxécuté, aux termes de l'article 159 ci-dessus.

TITRE XIX.

Des Règlemens de Juges.

363. Si un différent est porté à deux ou plusieurs tribunaux de paix, ressortissant du même tribunal, le règlement de juges sera porté à ce tribunal.

Si les tribunaux de paix relèvent de tribunaux différens, le règlement de juges sera porté à la cour d'appel.

Si ces tribunaux ne ressortissent pas de la même cour d'appel, le règlement sera porté à la cour de cassation.

Si un différent est porté à deux ou plusieurs tribunaux de première instance, ressortissant de la même cour d'appel, le règlement sera porté à cette cour; il sera porté à la cour de cassation si les tribunaux ne ressortissent pas tous de la même cour d'appel, ou si le conflit existe entre une ou plusieurs cours.

FORMULE de Requête en règlement de Juges.

A MM. les Juges de la Cour d'appel du département de...,

Expose C..., propriétaire à..., qu'il est en procès avec le sieur B..., en règlement et liquidation de l'hoirie du feu sieur G.., décédé propriétaire à..;

Que le sieur B.. a fait citer l'exposant au Tribunal de première instance de..., par exploit de..., et qu'il est intervenu en ce Tribunal un appointement qui a remis la cause au...;

De son côté l'exposant a fait citer le sieur

B. au tribunal de l'arrondissement de..., rière lequel se trouvent situés les biens dépendans de la succession dont il s'agit; il est intervenu en ce Tribunal un jugement par défaut contre le sieur B.., qui lui enjoint de remettre rière le greffe, *telle pièce* inventoriée sous la cote 40 de l'inventaire fait après la mort dudit sieur G..

Vous voyez, MM., par l'exposé de la présente, qu'il y a conflit de juridiction, et c'est pour le faire cesser que l'exposant recourt à votre autorité et prend les conclusions qui tendent à ce qu'il vous plaise, vu les exploits d'assignation et les appointemens ci-dessus rappelés, permettre à l'exposant d'assigner par-devant vous, dans le délai fixé par la loi, le sieur B.. en règlement de juges, et cependant ordonner qu'il sera sursis à toutes procédures dans les Tribunaux de l'arrondissement de.., et de l'arrondissement de..., et ferez bien.

En marge est écrit : Soit communiqué au procureur général impérial. Fait en la Cour d'appel du département de.., le...

Et du depuis, vu la requête présentée par C.., les pièces jointes et à la suite les conclusions du procureur impérial, la Cour a permis et permet à C.. d'assigner ledit sieur B.. par-devant elle, en règlement de juges, et cependant ordonne qu'il sera sursis , etc..

Fait à.. , le..

364. Sur le vu des demandes formées dans différens tribunaux , il sera rendu , sur requête , jugement portant permission d'assigner en règlement , et les juges pourront ordonner qu'il sera sursis à toutes procédures dans lesdits tribunaux.

365. Le demandeur signifiera le jugement, et assignera les parties au domicile de leurs avoués.

Le délai pour signifier le jugement et pour assigner sera de quinzaine , à compter du jour du jugement.

Le délai pour comparaître sera celui des ajournemens , en comptant les distances d'après le domicile respectif des avoués.

366. Si le demandeur n'a pas assigné dans les délais ci-dessus , il demeurera déchu du règlement de juges , sans qu'il soit besoin de le faire ordonner , et les poursuites pourront être continuées dans le tribunal saisi par le défendeur en règlement.

367. Le demandeur qui succombera pourra être condamné aux dommages-intérêts envers les autres parties.

OBSERVATIONS.

On pense que pour la facilité de plusieurs lecteurs , il est à propos de rappeler à la fin de ce titre, différens arrêts en règlement de juges, rendus par la Cour de cassation.

RÈGLEMENT DE JUGES.

Successions.

Décidé que quand un débiteur meurt en état de faillite, toutes les contestations relatives à sa succession doivent être portées devant les juges de son domicile.

Du 21 vendémiaire an 12. -- Section des requêtes. -- Rapp. Periquet : sur la demande des créanciers unis de J.-C. Missilier, de Lyon, contre le cit. Nodel et compagnie, de Marseille. -- Défenseur-avoué, Roger-Désifs.

.RÈGLEMENT DE JUGES.

Acte de Notoriété.

Il s'agissait de constater le décès d'un individu mort à St.-Domingne,

Les parties résidaient à Nantes ;

On demandait si la partie qui avait à prouver le décès, devait se pourvoir devant les juges de Saint-Domingue, ou devant ceux de Nantes, juges naturels des parties.

Sur le pourvoi de Germain, ouï le citoyen Jourde, qui a dit qu'il n'y avait pas de loi qui déterminât devant quels juges seraient faites les enquêtes qui devaient servir à constater le décès d'un citoyen ;

Que dès-lors il paraissait naturel que ce fut dans le lieu où la contestation était élevée, si dans ce lieu même il y avait des témoins qui pussent attester le fait ;

Que dans l'espèce, il était très-facile de trouver à Nantes des personnes venant de Saint-Domingue, et ayant connaissance du fait qu'il s'agissait d'établir ; il n'y avait pas de difficultés d'autoriser les demandeurs à faire la preuve dont il s'agit devant les juges de Nantes.

Le Tribunal adoptant ces motifs , a renvoyé devant les juges de Nantes, pour être procédé à l'enquête.

Du 29 frimaire an 12. --- Section des requêtes --- Rapporteur , Lombard. --- Défenseur , Mailhe.

Il y a encore plusieurs arrêts rendus par la Cour de cassation , en règlement de juges : nous nous contenterons de rapporter les dates.

Règlement de juges : du 4 pluviôse an 12 , au supplément des Décisions diverses de l'an 12, page 100.

Société dissoute. --- *Règlement de juges* : du 18 pluviôse an 12. -- Section des requêtes.... *Idem* , 103.

Règlement de Juges. --- Désertion : du 10 fructidor an 12. --- Section des requêtes, page 178.

TITRE XX.

Du Renvoi à un autre Tribunal pour parenté ou alliance.

368. Lorsqu'une partie aura deux parens ou alliés, jusqu'au degré de cousin issu de germain inclusivement, parmi les juges d'un tribunal de première instance , ou trois parens ou alliés au même degré dans une cour d'appel , ou lorsqu'elle aura un parent audit degré parmi les juges du tribunal de première instance , ou deux parens dans la cour d'appel , et qu'elle-même sera membre du tribunal ou de cette cour, l'autre partie pourra demander le renvoi.

369. Le renvoi sera demandé avant le commencement de la plaidoirie ; et si l'affaire est en rapport, avant que l'instruction soit achevée, ou que les délais soient expirés, sinon il ne sera plus reçu.

370. Le renvoi sera proposé par acte au greffe, lequel contiendra les moyens et sera signé de la partie ou de son fondé de procuration spéciale authentique.

371. Sur l'expédition dudit acte, présentée avec les pièces justificatives, il sera rendu jugement qui ordonnera,

1.º La communication aux juges à raison desquels le renvoi est demandé, pour faire, dans un délai fixe, leur déclaration au bas de l'expédition du jugement ; 2.º la communication au ministère public ; 3.º le rapport à jour indiqué par l'un des juges nommés par ledit jugement.

372. L'expédition de l'acte à fin de renvoi, les pièces y annexées, et le jugement mentionné en l'article précédent, seront signifiés aux autres parties.

373. Si les causes de la demande en renvoi sont avouées ou justifiées dans un tribunal de première instance, le renvoi sera fait à l'un des autres tribunaux ressortissans en la même cour d'appel ; et si c'est dans une cour d'appel, le renvoi sera fait à l'une des trois cours les plus voisines.

374. Celui qui succombera sur sa demande en renvoi, sera condamné à une amende qui ne pourra être moindre de cinquante francs, sans préjudice des dommages-intérêts de la partie, s'il y a lieu.

375. Si le renvoi est prononcé, qu'il n'y ait pas d'appel, ou que l'appelant ait succombé, la contestation sera portée devant le tribunal qui devra en connaître, sur simple assignation, et la procédure y sera continuée suivant ses derniers erremens.

376. Dans tous les cas, l'appel du jugement du renvoi sera suspensif.

377. Sont applicables audit appel les dispositions des articles 392, 393, 394 et 395, titre de *la Récusation* ci-après.

TITRE XXI.

De la Récusation.

378. Tout juge peut être récusé pour les causes ci-après :

1.º S'il est parent ou allié des parties, ou de l'une d'elles, jusqu'au degré de cousin issu de germain *inclusivement* (1);

---

(1) La première et la plus ordinaire cause de récusation contre un juge, c'est sa parenté ou alliance avec l'une des parties, ou avec toutes les deux. Il faut distinguer sur ce point les matières civiles des

2.º Si la femme du juge est parente ou alliée de l'une des parties , ou si le juge est parent ou allié de la femme d'une des parties au degré ci-dessus. Lorsque la femme est vivante, ou qu'étant décédée il en existe des enfans ; si elle est décédée et qu'il n'y ait point d'enfans, le beau-père, le gendre ni les beaux-frères ne pourront *être juges* (1). La disposition relative à la femme décédée s'appliquera à la femme divorcée, s'il existe des enfans du mariage dissous ;

3º. Si le juge, sa femme, leurs ascendans et descendans, ou alliés dans la même ligne, ont un différent sur une pareille question que celle dont il s'agit *entre les parties* (2);

---

criminelles. En matière civile , la parenté ou alliance a toujours été , avant la loi nouvelle , un moyen de récusation jusqu'au quatrième degré inclusivement , c'est-à-dire jusqu'aux cousins issus de germains.

(1) Pour que la parenté ou alliance donne lieu à la récusation , il faut que la partie qui est parente du juge soit nommément partie au procès, et non en nom collectif ; comme si un juge était parent de l'un des membres d'un corps ou compagnie, et que la compagnie ou ce corps , dont ce membre fait partie, plaidât en nom collectif, on ne pourrait alors récuser ce juge sous prétexte de parenté.

(2) Si le juge ou ses parens , ou ceux de sa femme aux degrés fixés par la loi , sont actuellement en procès civil ou criminel avec l'une des parties , celle-ci pourra

4.º S'ils ont un procès en leur nom dans un tribunal où l'une des parties sera juge ; s'ils sont créanciers ou débiteurs *d'une des parties* (1) ;

5.º Si dans les cinq ans qui ont précédé la récusation, il y a eu procès criminel entre

---

le récuser à cause du soupçon de ressentiment de la part de ce juge.

Pour que le procès entre le juge et l'une des parties soit un moyen de récusation, il faut que ce procès soit sérieux et antérieur à celui qui est entre les deux parties.

(1) Un juge peut être récusé s'il est débiteur de l'une des parties, parce qu'il y aurait à craindre que, pour s'attirer quelque grâce de son créancier, il ne le favorisât ; mais il faut pour cela une dette sérieuse, antérieure et non recherchée : car si depuis le procès mû entre J.... et P...., l'un de ceux-ci acquérait directement ou indirectement une cession de quelque créance ou action sur le juge, non-seulement cette cession ne pourrait fournir un moyen de récusation, mais elle serait nulle, et le cessionnaire serait condamné en une amende, suivant la déclaration du Roi du 27 mars 1705. Cette déclaration a excepté avec raison le cas où depuis le procès mû, une partie deviendrait créancière du juge à titre de succession, partage, donation, contrat de mariage, testament ou autres traités faits sans fraude entre des créanciers pour des créances acquises avant le procès.

Non-seulement un juge débiteur de l'une des parties serait récusable, mais ce qu'il ferait serait nul.

eux et l'une des parties , ou son conjoint , ou ses parens ou alliés *en ligne directe* (1) ;

6.º S'il y a procès civil entre le juge, sa femme , leurs ascendans et descendans, ou alliés dans la même ligne , et l'une des parties , et que ce procès, s'il a été intenté par la partie , l'ait été avant l'instance dans laquelle la récusation est proposée ; si ce procès , étant terminé, il ne l'a été que dans les six mois *précédant la récusation* (2) ;

7.º Si le juge est tuteur, subrogé *tuteur* ou *curateur* (3), héritier présomptif ou *donataire* (4) , maître ou commensal de l'*une des*

----

(1) Voy. la note 2 , page 222.

(2) Voy. *ibid.*

(3) Le code judiciaire exclut du nombre des juges le tuteur de l'une des parties ; car quoique le tuteur n'ait pas un intérêt personnel dans les affaires de celui qui est sous sa tutelle, il y a toujours un intérêt de conscience et d'honneur ; et la plus forte raison pour l'exclure , c'est que les procès intéressant le pupille, ne peuvent être intentés qu'au nom du tuteur, ou dirigés contre lui : le tuteur est donc partie en son nom , et il ne saurait être en même temps juge. Quant aux curateurs, les procès ne sont pas intentés à son nom ni contre lui (excepté les curateurs en plaids), mais au nom de l'adulte ou contre l'adulte ; et néanmoins le curateur ne peut être juge, parce qu'il est le conseil et le défenseur de l'adulte.

(4) *Qu'entend-on par héritier présomptif ?*

Ce n'est pas seulement celui qui comme plus

parties (1) ; s'il est administrateur de quelqu'établissement, société ou direction, *partie dans la cause* (2) ; si l'une des parties est *sa présomptive héritière* (3) ;

---

proche parent de quelqu'un est présumé devoir lui succéder en ses biens, selon le vœu commun de la nature et de la loi : car celui-là pourrait être récusable par la seule raison de parenté, si elle était assez proche; mais il faut entendre celui qui, quoiqu'au cinquième ou sixième degré, se trouve l'un des plus proches parens, ou celui qui, sans être parent ou le plus proche, est désigné d'avance pour héritier par des prédilections marquées. L'Ordonnance de Blois, art. 122, joint ces deux mots *présomptif* et *aperçu* héritier. On comprend qu'un juge, dans cette position, aurait trop de ménagemens à garder pour qu'il n'y eût lieu de craindre qu'il favorisât une partie dont il attendait la succession ; l'espérance rend celui-ci suspect, comme la reconnaissance rend suspect le donataire.

(1) Non-seulement le maître est récusable dans les affaires des domestiques qu'il aurait chez lui à ses gages, à cause de l'affection qu'il pourrait avoir pour eux et de la protection qu'il leur doit, mais encore il a été jugé que le maître est récusable dans les causes de son fermier, soit qu'il demeure, ou non, dans la même maison. *Bouvot*, tom. 2, au mot *récusation*, quest. 13. Voy. sur ces notes *Rodhier*, quest. 8.ᵉ, titre *des récusations*, pag. 492.

(2) Voy. les questions 2.ᵐᵉ et 3.ᵐᵉ de *Rodhier*, tit. 24, art. 10, pag. 489.

(3) *Nam in re propriâ iniquum est alicui licentiam tribuere sententiæ* (L. *unic*. cod. *ne quis in suâ causâ jud.*). Voy. la note 4, page précédente.

8.º Si le juge a donné conseil, *plaidé* ou *écrit sur le différent* (1) ; s'il a précédemment connu comme juge ou *comme arbitre* (2) ; s'il a sollicité, recommandé, ou fourni *aux frais du procès* (3) ; s'il a déposé *comme*

---

(1) Un juge peut être regardé comme le conseil d'une partie, non-seulement s'il a conseillé à la partie d'entreprendre ou soutenir ce procès, mais encore s'il a dirigé les démarches et les instructions de cette partie ; s'il a conféré avec ses autres conseils, s'il a agi pour lui procurer des actes contraires : toutes ces démarches de la part du juge le rendraient également récusable, soit qu'il les eût faites lorsque le procès était pendant en son Tribunal , soit que ce fût avant. Il y en a un arrêt du 27 août 1668 , indiqué par Brillon.

(2) Un juge est récusable pour avoir connu du différent, s'il avait été déjà pris pour arbitre, ou amiable compositeur par les parties, qu'il se fût mêlé de les accommoder, et qu'il eût donné ou fait connaître son avis.

Il ne peut parcillement être juge dans une affaire où il aura servi de témoin. (Airault en son Instruction judiciaire, liv. 2, part. 3, n°. 26, pag. 230. La Rocheflavin , traité des Parlemens de France, liv. 13 , chap. 83, art. 11.)

(3) Le juge qui aura été médiateur, aura donné conseil ou sollicité pour une partie , ne pourra demeurer juge au procès ; il s'abstiendra du rapport. (Arrêt du conseil d'état du Roi du 27 août 1668 , au recueil des

témoin (1); si depuis le commencement du procès il a bu ou mangé avec l'une ou l'autre des parties dans leur maison , ou reçu d'elle des présens.

(Arrêts donnés en interprétation des nouvelles Ordonnances, pag. 138.)

Qu'est-ce que solliciter une affaire ?

C'est lorsque de vive voix ou par écrit on recommande l'affaire d'autrui à un juge , c'est-à-dire qu'on lui demande expédition ou attention particulière , ou qu'on l'instruit des raisons de la partie recommandée ; qu'on parle en sa faveur et au préjudice de l'autre ; qu'on cherche à gagner le suffrage du juge ; qu'on le sollicite, de quelque façon que ce soit , à être favorable à l'une des parties plutôt qu'à l'autre ; c'est même recommander et solliciter que de demander bonne justice.

Car on n'oserait sans doute demander qu'on fît injustice, et la cause recommandée , fût-elle réellement bonne , c'est toujours solliciter le juge que d'agir auprès de lui pour obtenir son suffrage ; c'est marquer qu'on prend intérêt à la cause recommandée, et qu'on souhaite qu'elle ait un heureux succès , et dès-lors on ne peut être regardé comme impartial ; on est donc suspect et récusable, et on ne l'est pas moins , soit qu'on ait agi devant des juges inférieurs , soit qu'on agisse auprès de ceux de son Tribunal.

Ce moyen de récusation a lieu non-seulement contre le juge qui aurait sollicité par lui-même , mais contre celui dont la femme, le fils ou la fille auraient sollicité ; leurs démarches seraient censées l'effet de l'instigation ou du mari ou du père.

(1) Voy. la note 2 , page précédente.

9.º S'il y a inimitié capitale entre lui et l'une *des parties* (1) ;

S'il y a eu de sa part agressions, injures ou menaces, verbalement ou par écrit depuis l'instance, ou dans les six mois pendant la *récusation proposée* (2).

---

(1) Il ne suffit pas d'alléguer cette inimitié en termes généraux, mais il faut en exprimer la cause et le sujet, en articuler les faits, afin que l'on juge s'ils sont tels qu'ils puissent rendre un juge suspect (M. Maynard, liv. 1.ᵉʳ, ch. 99) ; autrement, et faute de les exprimer en détail, la récusation doit être rejetée comme frustratoire ; et à défaut de preuve des faits, elle doit être rejetée comme mal fondée et calomnieuse.

Cette inimitié capitale est présumée, qnand la partie est en procès avec le juge.

Une autre présomption d'inimitié capitale serait si la partie avait tué quelque proche parent du juge, ou autre cas semblable.

(2) 1º. Les menaces ou injures verbales de la part des juges doivent être graves, selon *Børnier,* c'est-à-dire capables d'alarmer ou offenser une personne raisonnable : *quæ cadant in constantem virum.*

2.º Les menaces ou injures verbales de la part des juges peuvent donner lieu à *la récusation* suivant cet article, et de là on doit conclure qu'on peut être admis à la preuve verbale des menaces ou injures verbales.

3.º Ces menaces ou injures doivent avoir été proférées ou depuis l'instance, ou dans les six mois antérieurs, non à l'instance, mais à la *récusation pro-*

379. Il n'y aura pas lieu à la récusation, dans les cas où le juge serait parent du tuteur ou du curateur de l'une des deux parties, ou des membres ou administrateurs d'un établissement ou société, direction ou union, parties dans la cause, à moins que lesdits tuteurs, administrateurs ou intéressés n'ayent un intérêt distinct ou personnel.

Nota. Lorsqu'un tuteur est en cause pour le fait de son mineur, ce n'est point la parenté du tuteur qu'il faut considérer, mais seulement celle du mineur ; ainsi le juge qui n'est parent que du tuteur ne peut être ré-cusé. (Argument tiré de l'Ordonnance des évocations du mois d'août 1737, titre 1er., art. 20.)

Ils ne sont pas récusables dans les causes et procès

---

posée. Suivant les propres termes du texte, si elles étaient plus anciennes, on présumerait que le temps a dissipé les impressions défavorables, ou que la partie qui a différé d'en prendre un moyen de récusation n'en a pas été frappée ; mais cela suppose que si ces me-naces ou injures ont été proférées hors de la présence de la partie, elle a été informée de suite ; car si elles étaient antérieures de plus de six mois, et que la partie n'en fût informée que depuis moins de six mois, elle pourrait proposer la récusation en affirmant, avec offre de serment, que les faits sont venus depuis peu à sa connaissance.

4.° Il ne suffit pas, en proposant la récusation, d'alléguer vaguement des *menaces*, des *injures* ou l'*ini-mitié*, il faut en exprimer la cause et le sujet, en ar-ticuler les faits, etc. Voy. la note 1, pag. précéd.

des hôpitaux, fabriques ou établissemens dont ils ont l'administration, parce qu'ils n'agissent qu'en nom collectif, et n'ont d'autre intérêt que celui du public, et par conséquent ils ne peuvent être récusés.

Voyez le procès-verbal de l'Ordonnance de 1667, pag. 346 et 347.

380. Tout juge qui saura cause de récusation en sa personne, sera tenu de la déclarer à la chambre qui décidera s'il doit s'abstenir.

381. Les causes de récusation relatives aux juges, sont applicables au ministère public lorsqu'il est partie jointe ; mais il n'est pas récusable lorsqu'il est partie principale.

382. Celui qui voudra récuser devra le faire avant le commencement de la plaidoirie ; et si l'affaire est en rapport, avant que l'instruction soit achevée, ou que les délais soient expirés, à moins que les causes de la récusation ne soient survenues postérieurement.

383. La récusation contre les juges commis aux descentes, enquêtes et autres opérations, ne pourra être proposée que dans les trois jours qui courront, 1°. si le jugement est contradictoire, du jour du jugement ; 2°. si le jugement est par défaut et qu'il n'y ait pas d'opposition, du jour de l'expiration de la huitaine de l'opposition ; 3°. si le jugement a été rendu par défaut

et qu'il y ait eu opposition, du jour du débouté d'opposition, même par défaut.

384. La récusation sera proposée par acte
au greffe, qui en contiendra les moyens,
et sera signée de la partie ou du fondé de
sa procuration authentique et spéciale, laquelle sera annexée à l'acte.

Voy. la formule de Récusation faite sous l'art. 45 du
tit. 9, liv. 1.

385. Sur l'expédition de l'acte de récusation, remise dans les vingt-quatre heures
par le greffier au président du tribunal,
il sera, sur le rapport du président et les
conclusions du ministère public, rendu jugement qui, si la récusation est inadmis-
sible, la rejettera, et si elle est admissible
ordonnera, 1°. la communication au juge
récusé, pour s'expliquer en termes précis
sur les faits, dans le délai qui sera fixé par
le jugement ; 2°. la communication au ministère public, et indiquera le jour où le rapport sera fait par l'un des juges, nommé
par ledit jugement.

Voy. la formule de Récusation sous l'art. 45 du tit.
9, liv. 1.

386. Le juge récusé fera sa déclaration
au greffe, à la suite de la minute de l'acte
de récusation.

387. A compter du jour du jugement qui

ordonnera la communication , tous jugemens et opérations seront suspendus ; si cependant l'une des parties prétend que l'opération est urgente , et qu'il y a péril dans le retard , l'incident sera porté à l'audience sur un simple acte , et le tribunal pourra ordonner qu'il sera procédé par un autre juge.

388. Si le juge récusé convient des faits qui ont motivé sa récusation , ou si ces faits sont prouvés , il sera ordonné qu'il s'abstiendra.

389. Si le récusant n'apporte preuve par écrit, ou commencement de preuve des causes de la récusation , il est laissé à la prudence du tribunal de rejeter la récusation sur la simple déclaration du juge , ou d'ordonner la preuve testimoniale.

390. Celui dont la récusation aura été déclarée non-admissible ou non-recevable , sera condamné à telle amende qu'il plaira au tribunal , laquelle ne pourra être moindre de cent francs , et sans préjudice , s'il y a lieu , de l'action du juge en réparation et dommages-intérêts , auquel cas il ne pourra demeurer juge.

391. Tout jugement sur récusation , même dans les matières où le tribunal de première instance , juge en dernier ressort , sera

susceptible d'appel ; si néanmoins la partie soutient qu'attendu l'urgence, il est nécessaire de procéder à une opération, sans attendre que l'appel soit jugé, l'incident sera porté à l'audience, sur un simple acte, et le tribunal qui aura rejeté la récusation, pourra ordonner qu'il sera procédé à l'opération par un autre juge.

392. Celui qui voudra appeler, sera tenu de le faire dans les cinq jours du jugement, par un acte au greffe, lequel sera motivé et contiendra énonciation du dépôt au greffe des pièces au soutien.

393. L'expédition de l'acte de récusation, de la déclaration du juge, du jugement, de l'appel, et les pièces jointes seront envoyées sous trois jours par le greffier, à la requête et aux frais de l'appelant, au greffier du tribunal d'appel.

294. Dans les trois jours de la remise au greffier du tribunal d'appel, celui-ci présentera lesdites pièces au tribunal, lequel indiquera le jour du jugement, et commettra l'un des juges ; sur son rapport et sur les conclusions du ministère public, il sera rendu à l'audience jugement, sans qu'il soit nécessaire d'appeler les parties.

395. Dans les vingt-quatre heures de l'expédition du jugement, le greffier du tribunal

d'appel renverra les pièces à lui adressées au greffier du tribunal de première instance.

396. L'appelant sera tenu , dans le mois du jour du jugement de première instance qui aura rejeté sa récusation , de signifier aux parties le jugement sur l'appel, ou certificat du greffier du tribunal d'appel, contenant que l'appel n'est pas jugé, et indication du jour déterminé par le tribunal ; sinon le jugement qui aura rejeté la récusation sera exécuté par provision : ce qui sera fait en conséquence , sera valable, encore que la récusation fut admise sur l'appel.

Voy. sur les récusations plusieurs jugemens de la Cour de cassation, en date des 8 thermidor an 8, pag. 325, tom. 1 ; 28 thermidor an 9 , pag. 60, tom. 2 ; du 22 frimaire an 11 , tom. 3 , pag. 198 ; 15 brumaire an 12 , tom. 4, p. 64 ; 18 vendémiaire an 12, p. 256.

Dans les *Décisions diverses*, à la suite des arrêts de cassation de l'an 12 , voy. au mot *Récusation* , pag. 40 et 78.

TITRE XXII.

De la Péremption.

Péremption , qui vient du mot latin *peremptum*, qui signifie ce qui est péri, est l'anéantissement de la cause ou du procès pour n'avoir pas été poursuivi pendant un certain temps défini par la loi.

Parmi nous, par le moyen de la péremption, toutes les procédures sont péries faute de les avoir poursuivies et continuées pendant trois années entières ; c'est aussi ce qui fait que celui à qui les dépens sont finalement adjugés, ne peut prétendre ceux qui avaient été faits à l'occasion de la même demande dont l'instance est périe, parce que l'instance étant périe, elle ne peut produire aucun effet, et est regardée comme si elle n'avoit point été intentée.

397. Toute instance, encore qu'il n'y ait pas eu constitution d'avoué, sera éteinte par discontinuation de poursuites pendant trois ans.

Ce délai sera augmenté de six mois, dans tous les cas où il y aura lieu à demande en reprise d'instance ou constitution de nouvel avoué.

L'article 15 de l'Ordonnance de Roussillon de 1563 porte, que *l'instance intentée, ores qu'elle soit contestée, si par le laps de trois ans elle est discontinuée, n'aura aucun effet de perpétuer ou proroger l'action ; ains aura la prescription son cours comme si ladite instance n'avait pas été formée, ni introduite, et sans qu'on puisse prétendre prescription avoir été interrompue.*

L'instance est donc considérée comme non avenue après trois ans de cessation de poursuites, quoiqu'il y ait contestation en cause, et même appointement ou règlement à écrire, et cela s'observe dans la pratique. Bien entendu que dans les trois ans elle ait pu être poursuivie et jugée, et qu'il n'y ait eu empêchement. La mort naturelle et civile d'une partie, d'un procureur, du rapporteur, le dépouillement de l'office de procureur ou du rapporteur, empêchent le cours de la péremption de l'instance pendant trente ans.

398. La péremption courra contre l'état, les établissemens publics, et toutes personnes, même mineures, sauf leur recours contre les administrateurs et tuteurs.

399. La péremption n'aura pas lieu de droit; elle se couvrira par des actes valables, faits par l'une ou l'autre des parties avant la demande en péremption.

400. Elle sera demandée par requête d'avoué à avoué, à moins que l'avoué ne soit décédé ou interdit, ou suspendu depuis le moment où elle a été acquise.

FORMULE de Requête.

A M^r., etc.

Expose P..., propriétaire à ...., qu'il y a eu depuis l'an ..., instance en votre Tribunal entre l'exposant et le sieur B...;

Que l'instance est restée sans poursuites depuis trois ans passés, ce qui est constaté par un dernier acte signifié le ...., lequel est resté sans réponse; conséquemment la péremption est bien acquise, et c'est pour le faire prononcer de la sorte qu'il recourt, à ce qu'il vous plaise, M M., permettre de faire venir à votre audience le sieur C...., avoué du sieur B...., pour ouïr dire que l'instance d'entre les parties ci-dessus dénommées, sera déclarée périe; et ferez bien.

Ordonnance en marge, conforme aux conclusions.

Nota. A la forme de l'article de la loi , si l'avoué est décédé ou interdit , il faudra diriger la demande par requête contre la partie qui a laissé périmer l'instance faute de poursuites.

401. La péremption n'éteint pas l'action; elle emporte seulement extinction de la procédure , sans qu'on puisse dans aucun cas opposer aucun des actes de la procédure éteinte , ni s'en prévaloir.

En cas de péremption , le demandeur principal est condamné à tous les frais de la procédure périmée.

Nota. Voy. le traité des Péremptions des instances de *Melenet* , § 32 et 33 , p. 70 et 71 , sur les questions , si un jugement provisionnel et un interlocutoire se périment.

TITRE XXIII.

Du Désistement.

402. *Le Désistement* (1) peut être fait et

---

(1) Le désistement est la renonciation à une convention ou à un droit qu'on peut avoir , ou à une poursuite à une demande , ou à un appel d'une sentence.

En un mot , se désister et abandonner ou renoncer, signifient la même chose.

DÉSISTEMENT D'APPEL est la renonciation que l'on fait à un appel que l'on avoit interjeté d'une sentence.

accepté par de simples actes , et signifiés d'avoué à avoué.

FORMULE de Désistement.

Le sieur B. . ., qui continue son élection de domicile chez le sieur D. . . , son avoué constitué ,

Déclare au sieur C... , à la personne et domicile du sieur ..., son avoué constitué ,

Qu'il se désiste par ces présentes, de la demande qu'il lui avait formée par son acte introductif d'instance du..., signifié le . . . (ou qu'il consent à payer au demandeur la somme de .... ou à faire telle chose), en offrant de payer dans les vingt-quatre heures les dépens faits jnsqu'à ce jour , à la vue de l'état qui sera arrêté amiablement entre les avoués des parties.

Sous le bénéfice desquels désistement et offres , le sieur C. . . . . . est interpellé de

---

DÉSISTEMENT DE PLAINTE ET DE CE QUI S'EN EST SUIVI , est une renonciation que l'on fait à la poursuite criminelle que l'on avait intentée contre quelqu'un.

Le désistement du demandeur met fin à la contestation , et par conséquent à l'instruction ; il peut se faire en tout état de cause , tant que l'affaire n'est pas jugée ; il se signifie, suivant l'article 402 , par de simples actes signés des parties ou de leurs mandataires , et signifiés d'avoué à avoué.

s'abstenir de plus amples poursuites ; ce qui sera signifié sous toutes réserves de droit.

Nota. Pour se désister valablement, il faut être capable de disposer de ses droits : ainsi les mineurs interdits, tuteurs, curateurs, administrateurs, et les femmes non autorisées, ne peuvent le faire, à moins qu'ils n'ayent été autorisés par ceux sous la puissance desquels ils se trouvent ; cas auquel il doit en être référé au procureur impérial du Tribunal où l'affaire est pendante, afin qu'il puisse examiner s'il n'y a rien de contraire aux intérêts dont ils sont chargés.

403. Le désistement, lorsqu'il aura été accepté, emportera de droit consentement que les choses soient remises de part et d'autre au même état qu'elles étaient avant la demande.

Il emportera également soumission de payer les frais, au paiement desquels la partie qui se sera désistée, sera contrainte sur simple ordonnance du président mise au bas de la taxe, parties présentes, ou appelées par acte d'avoué à avoué.

Cette ordonnance, si elle émane d'un tribunal de première instance, sera exécutée nonobstant opposition ou appel : elle sera exécutée nonobstant opposition, si elle émane d'une cour d'appel.

TITRE XXIV.

Des Matières Sommaires.

Ce titre, suivant Jousse, dans son commentaire de

l'Ordonnance de 1667, doit être considéré comme le plus important de tous ceux qui sont dans le code judiciaire, puisque c'est celui dont l'observation peut contribuer plus que tout autre à abréger l'exercice de la justice, tant à cause de la procédure simple qui s'observe dans les matières qui en font l'objet, et qui sont les plus fréquentes, qu'à cause de l'exécution provisoire des jugemens qui s'y rendent.

Il ne faut pas confondre ici les matières *sommaires* avec les provisoires; les *affaires sommaires* ne sont ainsi appelées que par la forme particulière qui s'y observe, et ce sont toutes celles qui ne demandent pas à être traitées par une longue instruction, ni par l'examen d'actes ou écritures, mais sommairement et sur-le-champ, et comme disent les jurisconsultes *de plano*. Voyez la loi 3, § *sciendum est, 9 ff. ad exhib.*

Les affaires *provisoires*, au contraire, sont toutes celles qui requièrent célérité, et où il y aurait du péril en la demeure. Ces affaires se jugent même pendant les vacations, et les jugemens rendus sur ces sortes de matières s'exécutent ordinairement par provision, sur-tout dans le cas où la chose est réparable en définitif.

Les affaires *provisoires* et qui requièrent célérité, sont celles qui sont détaillées en l'art. 135 ci-dessus.

404. Seront réputés matières sommaires et instruits comme telles,

Les appels des juges de paix,

Les demandes *pures personnelles* (1),

---

(1) Ce sont les demandes intentées pour obligations purement personnelles. Pour le mieux entendre, il

à quelque somme qu'elles puissent monter, quand il y a titre , pourvu qu'il ne soit pas contesté ;

---

convient d'observer que l'action , suivant la définition qu'en donne Justinien aux Instit. tit. *de actionibus,* est le droit de poursuivre en jugement ce qui nous est dû. On distingue trois sortes d'actions ; l'action *personnelle,* l'action *réelle,* et l'action *mixte.*

L'action personnelle est celle qu'on a contre une personne en vertu d'un contrat ou quasi-contrat, d'un délit ou quasi-délit qui oblige cette personne *ad aliquid dandum vel faciendum* ; action qui suit la personne obligée ou ses héritiers, *qui sustinet personam defuncti.*

L'*action réelle* est celle que nous avons sur une chose qui nous appartient, ou qui nous est affectée, pour la revendiquer de quiconque la posséderait : *rei persequendæ causâ.* Cette action , quoique dirigée contre le possesseur ne suit que la chose , de façon que le possesseur en est quitte en la relàchant. L'action hypothécaire n'est qu'une action réelle , puisque c'est à la chose qu'on s'en prend en vertu de l'affectation.

L'*Action mixte* est celle qui tient du réel et du personnel, *tàm in rem quàm in personam,* c'est-à-dire lorsqu'on a en même-temps le droit sur la chose , et l'obligation *ad aliquid dandum vel faciendum* contre le possesseur.

Il n'y a donc que les demandes intentées ou action *pures personnelles,* qui puissent être réputées matières sommaires , parce que leur objet est fixé et borné, au lieu que les autres , réelles ou mixtes ,

Les demandes formées sans titres, lorsqu'elles n'excèdent *pas mille francs* (1);

Les demandes *provisoires ou qui requièrent célérité* (2);

Les demandes en paiement de loyers et
fermages et arrérages de rentes.

405. Les *matières sommaires* seront jugées à l'audience, après les délais de la citation échus, par un simple acte, sans autres procédures ni formalités.

406. Les *demandes incidentes* et *les
interventions* seront formées par requête

---

quelqu'en soit la modicité, peuvent être d'une conséquence infinie, et exiger une grande discussion de
titres.

(1) Quand il s'agit dans une instance, par exemple,
de trois demandes, ou oppositions contre trois particuliers, dont chacune n'excède pas la valeur de
mille livre, alors l'affaire est dans le cas de la disposition du code judiciaire, et doit être considérée
comme matière sommaire. (Ainsi jugé au bailliage
d'Orléans, le vendredi 1er. juin 1753.)

Les demandes qui excèdent la somme de mille
francs fixée en cet article, s'instruisent et se jugent
comme demandes ordinaires et non sommaires, et
ne peuvent se porter à l'audience qu'après que le défendeur a fourni des défenses, ou a eu le temps et les
délais nécessaires pour les fournir.

(2) Voyez l'art. 135.

d'avoué , qui ne pourra contenir que des conclusions motivées.

FORMULE de Requête.

A MM. les juges du Tribunal de première instance de....,

Expose J.... qu'il y a actuellement instance mue en votre Tribunal entre B... et C... cultivateurs à... au sujet d'une promesse faite par B... à C.... de la somme de mille francs qui devait être payée dans tel terme.

Suivant une des clauses de l'acte, B.... devait justifier à sa partie adverse du paiement d'une somme de trois cents livres entre les mains de l'exposant, dans le délai de six mois ; ce qui n'a pas été fait.

En conséquence l'exposant recourt à ce qu'il plaise à MM. lui donner acte de l'intervention qu'il forme dans l'instance entre lesdits B... et C.., pour ensuite et en prononçant sur ladite instance , et ayant égard à l'intervention , condamner B... à payer à l'exposant la somme de trois cents francs en conformité de la clause insérée audit acte , avec les frais de la présente et ceux accessoires ; et ferez bien.

En marge est écrit : Acte de l'intervention et soit signifié à l'avoué de P.. , ainsi qu'à l'avoué de C.. Signé..

407. S'il y a lieu à enquête, le jugement qui l'ordonnera contiendra les faits sans qu'il soit besoin de les articuler préalablement , et fixera les jour et heure où les témoins seront entendus à l'audience.

408. Les témoins seront assignés au moins un jour avant celui de l'audition.

409. Si l'une des parties demande prorogation , l'incident sera jugé sur-le-champ.

410. Lorsque le jugement ne sera pas susceptible d'appel, il ne sera point dressé procès-verbal de l'enquête ; il sera seulement fait mention dans le jugement des noms des témoins et du résultat de leurs dépositions.

411. Si le jugement est susceptible d'appel , il sera dressé procès-verbal qui contiendra les sermens des témoins , leurs déclarations s'ils sont parens , alliés , serviteurs ou domestiques des parties , les reproches qui auraient été formés contre eux , et le résultat de leurs dépositions.

412. Si les témoins sont éloignés ou empêchés, le tribunal pourra commettre le tribunal ou le juge de paix de leur résidence : dans ce cas , l'enquête sera rédigée par écrit ; il en sera dressé procès-verbal.

413. Seront observées en la confection des

enquêtes sommaires , les dispositions du titre *XII des Enquêtes* , relatives aux formalités ci-après :

La copie aux témoins , du dispositif du jugement par lequel ils sont appelés ;

Copie à la partie des noms des témoins ;

L'amende et les peines contre les témoins défaillans ;

La prohibition d'entendre les conjoints des parties , les parens et alliés en ligne directe ;

Les reproches par la partie présente , la manière de les juger , les interpellations aux témoins , la taxe ;

Le nombre des témoins dont les voyages passent en taxe ;

La faculté d'entendre les individus âgés de moins de quinze ans révolus.

TITRE XXV.

Procédure devant les Tribunaux de Commerce.

414. La procédure devant les tribunaux de commerce, se fait sans le ministère d'avoué.

415. Toute demande doit y être formée par exploit d'ajournement , suivant les formalités ci-dessus prescrites au titre *des Ajournemens*.

416. Le délai sera au moins d'un jour.

417. Dans les cas qui requierront célérité , le président du tribunal pourra permettre d'assigner , même de jour à jour et d'heure à heure , et de saisir les effets mobiliers. Il pourra , suivant l'exigence des cas , assujettir le demandeur à donner caution ou à justifier de solvabilité suffisante ; ses ordonnances seront exécutoires , nonobstant opposition ou appel.

418. Dans les affaires maritimes où il existe des parties non domiciliées , et dans celles où il s'agit d'agrès , victuailles , équipages et radoubs de vaisseaux prêts à mettre à la voile , et autres matières urgentes et provisoires , l'assignation de jour à jour ou d'heure à heure pourra être donnée **sans** ordonnance ; et le défaut pourra être jugé sur-le-champ.

419. Toutes assignations données à bord à la personne assignée , seront valables.

420. Le demandeur pourra assigner à son choix ,

Devant le tribunal du domicile du défendeur ;

Devant celui de l'arrondissement duquel a promesse a été faite , et la marchandise livrée ;

Devant celui dans l'arrondissement duquel le paiement devait être effectué.

421. Les parties seront tenues de comparaître en personne , ou par le ministère d'un
fondé de procuration spéciale.

422. Si les parties comparaissent, et qu'à
la première audience il n'intervienne pas de
jugement définitif, les parties non domiciliées dans le lieu où siège le tribunal , seront tenues d'y faire l'élection d'un domicile.

L'élection de domicile doit être mention-
née sur le plumitif de l'audience ; à défaut
de cette élection , toute signification , même
celle du jugement définitif , sera faite valablement au greffe du tribunal.

423. Les étrangers demandeurs ne peuvent
être obligés en matières de commerce , à
fournir une caution de payer les frais et
dommages-intérêts auxquels ils pourront être
condamnés , même lorsque la demande est
portée devant un tribunal civil , dans les
lieux où il n'y a pas de tribunal de commerce.

424. Si le tribunal est incompétent , à
raison de la matière , il renverra les parties , encore que le déclinatoire n'ait pas
été proposé.

Le déclinatoire, pour toute autre cause ,
ne pourra être proposé que préalablement
à toute autre défense.

425. Le même jugement pourra, en re-
jetant le déclinatoire , statuer sur le fond ,

mais par deux dispositions distinctes , l'une sur la compétence , l'autre sur le fond ; les dispositions sur la compétence pourront toujours être attaquées par la voie de l'appel.

426. Les veuves et héritiers des justiciables du tribunal de commerce , y seront assignés en reprise ou par action nouvelle , sauf , si les qualités sont contestées , à les renvoyer aux tribunaux ordinaires pour y être réglés , et ensuite être jugés sur le fond au tribunal de commerce.

Si une pièce produite est méconnue , déniée ou arguée de faux , et que la partie persiste à s'en servir , le tribunal renverra devant les juges qui doivent en connaître , et il sera sursis au jugement de la demande principale.

Néanmoins , si la pièce n'est relative qu'à un des chefs de la demande , il pourra être passé outre au jugement des autres chefs.

428. Le tribunal pourra , dans tous les cas , ordonner , même d'office , que les parties seront entendues en personne à l'audience ou dans la chambre ; et s'il y a empêchement légitime , commettre un des juges ou même un juge de paix pour les entendre , lequel dressera procès-verbal de leurs déclarations.

429. S'il y a lieu à renvoyer les parties

devant des arbitres , pour examen de comptes, pièces et registres , il sera nommé un ou trois arbitres , pour entendre les parties et les concilier si faire se peut , sinon donner leur avis.

S'il y a lieu à visite ou estimation d'ouvrages ou marchandises , il sera nommé un ou trois experts.

Les arbitres et les experts seront nommés d'office par le tribunal , à moins que les parties n'en conviennent à l'audience.

430. La récusation ne pourra être proposée que dans les trois jours de la nomination.

431. Le rapport des arbitres et des experts sera déposé au greffe du tribunal.

432. Si le tribunal ordonne la preuve par témoins , il y sera procédé dans les formes prescrites pour les enquêtes sommaires. Néanmoins , dans les causes sujètes à l'appel , les dépositions seront rédigées par écrit par le greffier , et signées par le témoin ; en cas de refus , mention en sera faite.

433. Seront observées dans la rédaction et l'expédition des jugemens , les formes prescrites dans les articles 141 et 146 , pour les tribunaux de première instance.

434. Si le demandeur ne se présente pas , le tribunal donnera défaut , et renverra le défendeur de la demande.

Si le défendeur ne comparaît pas , il sera donné défaut , et les conclusions du demandeur seront adjugées , si elles se trouvent justes et bien vérifiées.

435. Aucun jugement par défaut ne pourra être signifié que par un huissier commis à cet effet par le tribunal ; la signification contiendra , à peine de nullité , élection de domicile dans la commune où elle se fait , si le demandeur n'y est domicilié.

Le jugement sera exécutoire un jour après la signification , et jusqu'à l'opposition.

436. L'opposition ne sera plus recevable après la huitaine du jour de la signification.

437. L'opposition contiendra les moyens de l'opposant et assignation dans le délai de la loi ; elle sera signifiée au domicile élu.

438. L'opposition faite à l'instant de l'exécution , par déclaration sur le procès-verbal de l'huissier , arrêtera l'exécution , à la charge par l'opposant de la réitérer dans les trois jours , par exploit contenant assignation ; passé lequel délai , elle sera censée non avenue.

439. Les tribunaux de commerce pourront ordonner l'exécution provisoire de leurs jugemens , nonobstant l'appel et sans caution , lorsqu'il y aura titre non attaqué ou condamnation précédente , dont il n'y aura

pas d'appel. Dans les autres cas, l'exécution provisoire n'aura lieu qu'à la charge de donner caution, ou de justifier de solvabilité suffisante.

440. La caution sera présentée par acte signifié au domicile de l'appelant, s'il demeure dans le lieu où siège le tribunal, sinon au domicile par lui élu en exécution de l'art. 422, avec sommation à jour et heure fixes, de se présenter au greffe pour prendre communication, sans déplacement, des titres de la caution, s'il est ordonné qu'elle en fournira, et à l'audience pour voir prononcer sur l'admission, en cas de contestation.

441. Si l'appelant ne comparaît pas, ou ne conteste point la caution, elle fera sa soumission au greffe ; s'il conteste, il sera statué au jour indiqué par la sommation : dans tous les cas, le jugement sera exécutoire nonobstant opposition ou appel.

442. Les tribunaux de commerce ne connaîtront point de l'exécution de leurs jugemens.

LIVRE TROISIÈME.

DES TRIBUNAUX D'APPEL.

TITRE UNIQUE.

DE L'APPEL, ET DE L'INSTRUCTION SUR L'APPEL.

APPEL est un acte judiciaire, par lequel une cause jugée par un Tribunal inférieur est portée à un supérieur, ou le recours à des juges supérieurs pour réparer les griefs qui résultent d'un jugement rendu en première instance.

Les Appels se portent du Tribunal qui a rendu le jugement dont est appel, à celui d'où il ressortit ; par exemple, d'un Tribunal de première instance à la Cour d'appel.

L'APPEL a la force de suspendre, toutes les fois qu'il a pour objet de prévenir un mal qu'on ne pourrait réparer s'il était une fois fait.

Mais quand l'APPEL n'a pour objet qu'un jugement préparatoire, de règlement ou d'instruction, il ne suspend pas l'exécution du jugement, lequel est exécutoire provisoirement et nonobstant l'*appel* dans les cas prévus par l'art. 135 du code judiciaire.

443. Le délai pour interjeter appel sera de trois mois ; il courra, pour les jugemens contradictoires, du jour de la signification à personne ou domicile.

Pour les jugemens par défaut, du jour où l'opposition ne sera plus recevable.

L'intimé pourra néanmoins interjeter incidemment appel en tout état de cause, quand même il aurait signifié le jugement sans protestations.

444. Ces délais emporteront déchéance; ils courront contre toutes parties, sauf les recours contre qui de droit; mais ils ne courront contre le mineur non émancipé, que du jour où le jugement aura été signifié tant au tuteur qu'au subrogé tuteur, encore que ce dernier n'ait pas été en cause.

445. Ceux qui demeurent hors de la France continentale auront, pour interjeter appel, outre le délai de trois mois depuis la signification du jugement, le délai des ajournemens réglé par l'art. 73 ci-dessus.

446. Ceux qui sont absens du territoire européen de l'empire, pour service de terre ou de mer, ou employés dans les négociations extérieures pour le service de l'état, auront, pour interjeter appel, outre le délai de trois mois depuis la signification du jugement, le délai d'une année.

447. Les délais de l'appel seront suspendus par la mort de la partie condamnée.

Ils ne reprendront leur cours qu'après la signification du jugement faite au domicile du défunt, avec les formalités prescrites en l'article 61, et à compter de l'expiration des délais pour faire inventaire , et délibérer si le jugement a été signifié avant que ces derniers délais fussent expirés.

Cette signification pourra être faite aux héritiers collectivement et sans désignation des noms et qualités.

448. Dans le cas où le jugement aurait été rendu sur une pièce fausse , ou si la partie eût été condamnée faute de représenter une pièce décisive qui était retenue par son adversaire , délais de l'appel ne courront que du jour où le faux aura été reconnu ou juridiquement constaté , ou que la pièce aura été recouvrée , pourvu que dans ce dernier cas il y ait preuve par écrit du jour où la pièce a été recouvrée , et non autrement.

449. Aucun appel d'un jugement non exécutoire par provision ne pourra être interjeté dans la huitaine , à dater du jour du jugement : les appels interjetés dans ce délai seront déclarés non-recevables , sauf à l'appelant à les réitérer s'il est encore dans le délai.

450. L'exécution des jugemens non exécutoires par provision sera suspendue pendant ladite huitaine.

451. L'appel d'un jugement préparatoire ne pourra être interjeté qu'après le jugement définitif, et conjointement avec l'appel de ce

jugement, et le délai de l'appel ne courra que du jour de la signification du jugement définitif : cet appel sera recevable, encore que le jugement préparatoire ait été exécuté sans réserves.

L'appel d'un jugement interlocutoire pourra être interjeté avant le jugement définitif : il en sera de même des jugemens qui auraient accordé une provision.

452. Sont réputés préparatoires les jugemens rendus pour l'instruction de la cause, et qui tendent à mettre le procès en état de recevoir jugement définitif.

Sont réputés interlocutoires les jugemens rendus, lorsque le tribunal ordonne avant dire droit, une preuve, une vérification ou une instruction qui préjuge le fond.

453. Sont sujets à l'appel les jugemens qualifiés en dernier ressort, lorsqu'ils auront été rendus par des juges qui ne pouvaient prononcer qu'en première instance.

Ne seront recevables les appels des jugemens rendus sur des matières dont la connaissance en dernier ressort appartient aux premiers juges, mais qu'ils auraient omis de qualifier, ou qu'ils auraient qualifiés en premier ressort.

454. Lorsqu'il s'agira d'incompétence, l'appel sera recevable, encore que le juge-

ment ait été qualifié en dernier ressort.

455. Les appels des jugemens susceptibles d'opposition, ne seront point recevables pendant la durée du délai pour l'opposition.

456. L'acte d'appel contiendra assignation dans les délais de la loi, et sera signifié à personne ou domicile, à peine de nullité.

457. L'appel des jugemens définitifs ou interlocutoires sera suspensif, si le jugement ne prononce pas l'exécution provisoire dans le cas où elle est autorisée.

L'exécution des jugemens mal-à-propos qualifiés en dernier ressort, ne pourra être suspendue qu'en vertu de défense obtenue par l'appelant à l'audience du tribunal d'appel sur assignation à bref délai.

A l'égard des jugemens non qualifiés ou qualifiés en premier ressort, et dans lesquels les juges étaient autorisés à prononcer en dernier ressort, l'exécution provisoire pourra en être ordonnée par le tribunal d'appel à l'audience, et sur un simple acte.

458. Si l'exécution provisoire n'a pas été prononcée dans les cas où elle est autorisée, l'intimé pourra, sur un simple acte, la faire ordonner à l'audience avant le jugement de l'appel.

456. Si l'exécution provisoire a été ordonnée hors les cas prévus par la loi, l'appelant

pourra obtenir des défenses à l'audience, sur assignation à bref délai, sans qu'il puisse en être accordé sur requête non communiquée.

460. En aucun autre cas, il ne pourra être accordé des défenses, ni être rendu aucun jugement tendant à arrêter directement ou indirectement l'exécution du jugement, à peine de nullité.

461. Tout appel, même de jugement rendu sur instruction par écrit, sera porté à l'audience, sauf au tribunal à ordonner l'instruction par écrit, s'il y a lieu.

462. Dans la huitaine de la constitution d'avoué par l'intimé, l'appelant signifiera ses griefs contre le jugement ; l'intimé répondra dans la huitaine suivante ; l'audience sera poursuivie sans autre procédure.

463. Les appels de jugemens rendus en matière sommaire seront portés à l'audience sur simple acte, et sans autre procédure : il en sera de même de l'appel des autres jugemens, lorsque l'intimé n'aura pas comparu.

464. Il ne sera formé en cause d'appel aucune nouvelle demande, à moins qu'il ne s'agisse de compensation, ou que la demande nouvelle ne soit la défense à l'action principale.

Pourront aussi les parties demander des

intérêts, arrérages, loyers et autres accessoires échus depuis le jugement de première instance, et les dommages et intérêts pour le préjudice souffert depuis ledit jugement.

465. Dans les cas prévus par l'article précédent, les nouvelles demandes et les exceptions du défendeur ne pourront être formées que par de simples actes de conclusions motivées.

Il en sera de même dans les cas où les parties voudraient changer ou modifier leurs conclusions.

Toute pièce d'écriture qui ne sera que la répétition des moyens ou exceptions déjà employés par écrit, soit en première instance, soit sur l'appel, ne passera point en taxe.

Si la même pièce contient à la fois et de nouveaux moyens ou exceptions, et la répétition des anciens, on n'allouera en taxe que la partie relative aux nouveaux moyens ou exceptions.

466. Aucune intervention ne sera reçue, si ce n'est de la part de ceux qui auraient droit de former tierce opposition.

467. S'il se forme plus de deux opinions, les juges plus faibles en nombre seront tenus de se réunir à l'une des deux opinions qui auront été émises par le plus grand nombre.

468. En cas de partage dans une cour d'appel, on appellera pour vider, un au moins ou plusieurs des juges qui n'auront pas connu de l'affaire, et toujours en nombre impair, en suivant l'ordre du tableau : l'affaire sera de nouveau plaidée et de nouveau rapportée, s'il s'agit d'une instruction par écrit.

Dans les cas où tous les juges auraient connu de l'affaire, il sera appelé pour le jugement trois anciens jurisconsultes.

469. La péremption en cause d'appel aura l'effet de donner au jugement dont est appel la force de chose jugée.

470. Les autres règles établies pour les tribunaux inférieurs seront observées dans les tribunaux d'appel.

471. L'appelant qui succombera sera condamné à une amende de cinq francs, s'il s'agit du jugement d'un juge de paix ; et de dix francs sur l'appel d'un jugement de tribunal de première instance et de commerce.

472. Si le jugement est confirmé, l'exécution appartiendra au tribunal dont est appel ; si le jugement est infirmé, l'exécution, entre les mêmes parties, appartiendra à la cour d'appel qui aura prononcé, ou à un autre tribunal qu'elle aura indiqué par le même arrêt, sauf les cas de la demande en nullité d'emprisonnement, en expropriation forcée,

et autres dans lesquels la loi attribue juridiction.

473. Losqu'il y aura appel d'un jugement interlocutoire, si le jugement est infirmé et que la matière soit disposée à recevoir une décision définitive, les cours et autres tribunaux d'appel pourront statuer en même temps sur le fond définitivement par un seul et même jugement.

Il en sera de même dans les cas où les cours ou autres tribunaux d'appel infirmeraient, soit pour vices de forme ou pour toute autre cause, des jugemens définitifs.

FORMULE de Conclusions pour l'Appelant.

A ce qu'il plaise à la Cour, mettre l'appellation et ce dont est appel à néant, et par nouveau jugement ordonner qu'avant faire droit... (ou condamner l'intimé à telle ou telle chose), avec dépens des causes principale et d'appel.

FORMULE de Conclusions pour l'Intimé.

A ce qu'il plaise à la Cour, mettre l'appellation à néant, avec dépens.

Nota. Souvent il arrive que l'appelant, pour donner à sa cause une tournure plus favorable, et écarter les objections de l'intimé, conclut en ces termes : *à ce qu'il plaise à la Cour, sous le bénéfice de telles offres ou de tel consentement, mettre l'appellation et ce dont est appel à néant, etc.*

L'intimé peut user de la même ressource ;

Mais on observe que la *Cour* ne se laisse point surprendre par des offres ou consentemens captieux, et qu'elle aperçoit facilement la ruse d'un plaideur qui veut revenir sur ses pas, et redresser trop tard la fausse démarche qu'il a faite.

Les offres et consentemens tardifs, quand même ils seraient acceptés, n'empêchent pas, dans bien des cas, la condamnation soit de l'appelant, soit de l'intimé, à une partie des dépens faits soit en cause principale, soit en cause d'appel.

Les jeunes étudians en pratique se trouvent quelquefois embarrassés par les termes dont ils n'ont pas la clé, notamment ceux d'appellation à néant. . . L'appellation et ce dont est appel à néant.

Mettre l'appellation à néant, c'est la mettre à l'écart ; c'est l'anéantir de manière que cette appellation ne subsiste plus, et qu'on ne puisse s'en prévaloir contre la partie adverse.

Mettre ce dont est appel à néant, c'est infirmer, et regarder comme non-avenu le jugement dont est appel, de manière qu'il ne reste plus dans le sac ou dans le dossier de l'appelant, que la procédure faite en cause principale, sur laquelle il demande que le Tribunal de première instance, prononçant sur un appel qui lui est dévolu, ou la Cour d'appel, forment, en réformant, *un nouveau jugement.*

LIVRE QUATRIÈME.

DES VOIES EXTRAORDINAIRES

POUR ATTAQUER LES JUGEMENS.

TITRE PREMIER.

DE LA TIERCE OPPOSITION.

474. Une partie peut former tierce opposition à un jugement qui préjudicie à ses droits, et lors duquel ni elle ni ceux qu'elle représente, n'ont été appelés.

FORMULE de Tierce Opposition.

A MM. les Juges, etc..

Expose P.., etc.., qu'après la mort de B.., laboureur à.., son hoirie qui consistait principalement en terres labourables, situées au même lieu, devait être partagée par moitié entre l'exposant et J.., son cousin germain, tous deux neveux maternels dudit B..

Entre autres héritages, il y a au climat des Rousses trois hectares en une seule pièce ; et par les arrangemens pris verbalement entre J.. et l'exposant, celui-ci devait avoir cinquante centiares à prendre dans ladite pièce du côté du levant ; mais J. a vendu à C.. la totalité de ladite pièce ; et comme il a apporté des entraves à l'exécution de la vente, C.. lui a fait une instance à la suite de laquelle vous avez rendu le.., un jugement contradictoire qui ordonne l'exécution de la vente du..., avec restitution de fruits et levées de deux ans, et condamne en outre J.. en tous les dépens de l'instance.

L'exposant doit observer que s'il ne jouissait pas, pendant les deux années dont il vient de parler, des cinquante centiares en question, c'est qu'il les avait laissés audit J.., moyennant la rétribution annuelle de dix décalitres de grain (porte ou non porte), pendant tout le temps que durerait ladite amodiation verbale.

Après le narré de ces faits, il est incontestable que l'exposant aurait dû être appelé pour figurer dans l'instance qui a eu lieu entre J.. et C.., et que cette formalité essentielle n'ayant pas été observée, l'exposant est fondé dans la tierce opposition qu'il va former à votre jugement du...

Par ces considérations, il recourt

A ce qu'il vous plaise, MM., vu l'exposé de la présente, recevoir la tierce oppo-

sition qu'il forme à votre jugement du.. ;
permettre d'assigner par-devant vous J.. et
C.. , pour ouïr dire qu'en faisant droit sur
la tierce opposition de l'exposant , les parties seront à son égard , remises au même
état qu'elles étaient avant votre jugement ;
que C.. sera condamné à relâcher à l'exposant les cinquante centiares de terrain , avec
restitution de fruits et levées des deux années , si mieux il n'aime lui payer la somme
de 100 fr. , pour le prix et valeur des vingt
décalitres de blé , et aux dépens de l'instance , sauf audit C.. son recours contre J.. ,
ainsi qu'il avisera.

En marge est écrit : Acte de la tierce opposition , et permis d'assigner tout ce qu'il
appartiendra , dans les délais de la loi.

475. La tierce opposition , formée par action principale , sera portée au tribunal qui
aura rendu le jugement attaqué.

La tierce opposition, incidente à une contestation dont un tribunal est saisi , sera formée par requête à ce tribunal , s'il est égal
ou supérieur à celui qui a rendu le jugement.

Nota. Idem , que sous l'art. précédent ; sinon qu'il
faut faire mention des circonstances de la fraude et
du dol , en se soumettant à en rapporter la preuve.

476. S'il n'est égal ou supérieur , la tierce
opposition incidente sera portée , par action

principale , au tribunal qui aura rendu le jugement.

477. Le tribunal devant lequel le jugement attaqué aura été produit , pourra , suivant les circonstances, passer outre ou surseoir.

478. Les jugemens passés en force de chose jugée , portant condamnation à délaisser la possession d'un héritage , seront exécutés contre les parties condamnées , nonobstant la tierce opposition , et sans y préjudicier.

Dans les autres cas les juges pourront, suivant les circonstances , suspendre l'exécution du jugement.

479. La partie dont la tierce opposition sera rejetée , sera condamnée à une amende qui ne pourra être moindre de 5o francs , sans préjudice des dommages et intérêts de la partie, s'il y a lieu.

TITRE II.

De la Requête civile.

La Requête civile est un moyen de se pourvoir contre un jugement ou arrêt rendu en dernier ressort , contre lequel on ne peut point venir par opposition.

480. Les jugemens contradictoires, rendus en dernier ressort par les tribunaux de première instance et d'appel , et les jugemens par défaut rendus aussi en dernier ressort , et qui ne sont plus susceptibles d'op-

position , pourront être rétractés sur la requête de ceux qui y auront été parties ou
dûment appelés , pour les causes ci-après :

1°. *S'il y a eu dol personnel* (1) ;

2°. Si les *formes prescrites* (2) à peine
de nullité , ont été violées , soit avant , soit
lors des jugemens , pourvu que la nullité
n'ait pas été couverte par les parties ;

---

(1) Le dol personnel est celui qui provient du fait
de quelqu'un dans le dessein de tromper un autre ,
*omnis calliditas, fallacia, machinatio ad circumvenien-
dum, decipiendum alterum adhibita.* Leg. 1 , § 2 , ff.
de dolo malo.

Ce moyen est d'une grande étendue, et fournit
beaucoup d'occasion , de se pourvoir contre les arrêts ;
il n'est pas possible de désigner en détail le cas où
l'on peut se servir de ce moyen, parce que le dol
peut se commettre d'une infinité de manières, cela
dépend du fait et des circonstances des procédés qui
contiennent le dol et la surprise pratiquée : c'est donc
aux juges à estimer s'il y a eu dol ou surprise dans
la poursuite et dans l'obtention de l'arrêt attaqué ,
ce qu'on peut prouver par les actes du procès ou
autres , et se servir des décisions contenues dans les
titres du ff. et du code *de dolo malo et de doli et
metûs exceptione.*

(2) Voyez sur cette note Rodhier, sur la question
1.ʳᵉ de l'art. 34, du tit. 35, § 2, page 731, sur l'Ordonnance de 1667.

3º. S'il a été prononcé sur choses *non demandées* (1) ;

4º. S'il a été adjugé plus *qu'il n'a été demandé* (2) ;

---

(1) Cette raison est prise de la loi 18.ᵉ, ff. *communi divid*. Le ministère des juges doit se borner à ce qui fait la matière des demandes et des contestations des parties, et ils ne sont établis que pour terminer les contestations mues et portées devant eux.

L'auteur du *Nouveau Commentaire*, de 1753, croit, avec raison, qu'il y aurait ouverture de requête civile, si un arrêt condamnait en son propre et privé nom celui à qui on n'eût demandé que comme tuteur ; ou s'il avait condamné comme héritier pur et simple, celui qui n'était assigné que comme héritier sous bénéfice d'inventaire. *Sic de cæteris.* On peut encore adapter à cette ouverture le cas que Bornier ne propose que sur la suivante, savoir lorsque l'arrêt accorderait la réintégrande à celui qui n'aurait demandé que la maintenue, ou la maintenue à celui qui n'aurait demandé que la réintégrande, ou lorsque l'arrêt adjugerait le prix de la chose, au lieu de la chose même qui était demandée.

Voyez la loi au *cod. de fideicom. hæred.*

(2) *Nam sententia debet esse libello conformis; potestas judicis ultrà id quod in judicium deductum est, nequaquàm potest excedere.* Loi 18ᵉ., ff. *communi divid.*

C'est ce qu'on appelle proprement *ultrà petita*, comme, par exemple, si l'arrêt accordait mille livres

5.º S'il a été omis de prononcer sur l'un *des chefs de la demande* (1) ;

6.º *S'il y a contrariété de jugement* en dernier ressort entre les mêmes parties et sur les *mêmes moyens* (2), dans les mêmes cours ou tribunaux ;

à celui qui n'en demande que cinq cents, ou s'il maintenait au droit de passer à pied et à cheval, dans les possessions d'autrui, celui qui ne réclamerait qu'un passage à pied. Voy. Patru, à son deuxième plaidoyer. Voyez, dans le recueil de cassation, année 9ᵉ., page 337, un arrêt qui prononce qu'on peut employer la voie de la requête civile contre un jugement d'arbitre au cas *d'ultrà petita*.

Voyez aussi le recueil de l'an 11, pages 179 et 257.

Voyez encore un autre arrêt rapporté au recueil de l'an 12, page 26, qui a jugé que la requête civile n'était pas admissible contre les sentences d'arbitres volontaires.

(1) Adjuger plus et adjuger moins, sont deux défauts également répréhensibles ; un arrêt qui ne prononce pas sur tous les chefs de demande, est un ouvrage imparfait, *judices opportet in primis rei qualitatem plená inquisitione discutere*. Leg. 9. *cod. de judiciis*, ne peut servir de fondement à la requête civile quand l'arrêt ajoute, comme il est assez ordinaire, etc. sur toutes les autres *fins et conclusions des parties, les a mises et met hors de Cours et de procès.*

(2) L'Ordonnance marque les trois circonstances

7.º Si dans un même jugement, il y a des *dispositions contraires* (1) ;

8.º Si dans le cas où la loi exige la communication au ministère public, cette communication n'a pas eu lieu, et que le jugement ait été rendu contre celui pour qui elle était ordonnée ;

9.º Si l'on a jugé sur pièces reconnues

---

qui doivent concourir pour former la contrariété, 1°. entre les mêmes parties ; 2°. sur les mêmes moyens; 3°. en mêmes tribunaux, parce qu'alors ces deux jugemens sont véritablement contraires, et l'exécution de l'un empêche celle de l'autre. Quand on dit entre les *mêmes parties*, on entend que c'est sous le même rapport et sous la même qualité; et quand on dit sur les *mêmes moyens*, on entend sur les mêmes actes, les mêmes raisons, les mêmes exceptions, *eadem conditio personarum, idem jus, eadem causa petendi.*

(1) C'est le cas de la loi 188, ff. *de div. reg.* : *juris ubi pugnanta inter se in testamento juberentur, neutrum ratum est.* La contrariété se trouvant dans un même arrêt, il faut la faire disparaître par le moyen de la requête civile, pour y substituer ensuite un autre arrêt qui ne soit pas infecté de ce vice : il ne conviendrait pas de laisser subsister ce qui serait dans la première disposition, et d'anéantir seulement la postérieure, parce que toutes les deux se trouvent dans le même arrêt qui ne peut être conservé en une partie, et rescindé en l'autre.

ou déclarées *fausses* (1) depuis le jugement;

10.° Si depuis le jugement il a été recouvré des pièces décisives, et qui avaient été retenues par le *fait de la partie* (2).

———

(1) C'est à celui qui se pourvoit par requête civile à prouver non-seulement que les pièces sont fausses; mais aussi que le jugement a été fondé sur ces pièces, suivant la loi 3, *cod. si ex falsis instrum. vel testim. judicatum fuerit*, parce qu'il se peut faire qu'outre les pièces maintenues fausses, la partie en ait produit d'autres valables qui ayent servi de motif à la décision de la cause. (Voyez *Leprêtre*, centurie 2, chap. 73.)

Pour que des piècesfausses, produites en un procès, donnent lieu à la requête civile, il faut que dans l'instance sur laquelle est intervenu le jugement qu'on attaque, les pièces n'ayent pas été attaquées de faux, parce qu'alors la question ayant été décidée, ce serait une proposition d'erreur qu'on voudrait faire admettre.

Voyez, sur cette matière, un arrêt de la Cour de cassasion, recueil de l'an 12, page 217.

(2) C'est-à-dire par le fait de celui qui aura obtenu l'arrêt attaqué; c'est un dol personnel sans doute, de retenir des pièces décisives en faveur de l'autre partie.

Pour impétrer utilement requête sur cette ouverture, il faut trois choses, 1°. que ces pièces soient décisives; car si elles ne pouvaient rien opérer pour la décision de la cause, il serait sans doute inutile d'attaquer et de rétracter un arrêt, *si quidem inten-*

481. L'état, les communes, les établissemens publics et *les mineurs* (1) seront encore

---

tionis nullum præbet adminiculum. Leg. 21, *cod. de
probat.*

2°. Que ces pièces soient recouvrées nouvellement,
c'est-à-dire depuis l'arrêt, par l'impétrant; qu'elles
soient en ses mains ou en mains tierces, dont il
puisse les avoir ou en prendre des extraits ; car si
ces pièces étaient encore entre les mains de son adversaire, quand même le fait serait prouvé, il ne pourrait forcer cet adversaire à les remettre, *intentionis
vestræ proprias debitis adferre probationes non ab
adversariis adduci.* Leg. 7, *cod. de testibus*, et leg.
22, *cod. de fide instrum.*, à moins qu'on ne prouvât que
cet adversaire les a enlevées ou soustraites fraudu-
leusement, ce qui serait encore un dol personnel.

3°. Il faut que ces pièces ayent été retenues ou
cachées par le fait de la partie, sans cela il n'y
aurait pas de dol à imputer à l'adversaire ; si c'était
l'impétrant qui les eût, il ne pourrait imputer qu'à
sa propre négligence de ne les avoir pas produites;
et si elles étaient entre les mains d'un tiers, sans
dol ni fraude de l'adversaire, l'impétrant doit s'imputer de n'avoir pas plutôt fait ses recherches. Ainsi
jugé par arrêt du 23 juin 1644, rapporté par Boniface, tome 1.er, liv. 1.er, tit. 12, n°. 10.

(1) En général, les mineurs qui ont été défendus
par leurs tuteurs ou curateurs, ne sont pas recevables en leurs requêtes civiles. (Arrêt du 28 mai
1561, rapporté par Charondas en ses notes sur le
code Henri, liv. 9, tit. 9, art. 1.er.)

reçus à se pourvoir, s'ils n'ont été *défendus* (1), ou s'ils ne l'ont été *valablement* (2).

---

(1) C'est-à-dire si les arrêts et jugemens en dernier ressort ont été rendus par défaut ou par forclusion, ce qui est conforme à la loi, *unic.* § *ult. ff. de officio prætoris.*

(2) C'est-à-dire si les principales défenses de fait et de droit ont été omises, quoique les arrêts ou jugemens en dernier ressort rendus contre eux ayent été contradictoires, ou sur productions respectives des parties, ensorte qu'il paraisse que le défaut des défenses omises ait donné lieu à ce qui a été jugé, et qui aurait été autrement jugé s'ils avaient été défendus, ou si les défenses eussent été fournies.

Les mineurs ne sont pas non plus censés valablement défendus, lorsqu'ils n'ont point de tuteur, et que le procès n'a point été communiqué au ministère public.

Mais des mineurs ne pourraient alléguer qu'ils n'ont pas été valablement défendus, lorsque leurs frères majeurs et cohéritiers qui étaient en cause avec les mineurs, ont dit pour moyens tout ce qui pouvait se proposer, et que les mineurs n'ont rien à y ajouter.

Ainsi jugé par arrêt du 21 juillet 1695, et par un autre du 13 avril 1696, rapportés l'un et l'autre dans le journal des Audiences.

Voy. dans le recueil de l'an 12, page 134, un arrêt de la Cour de cassation qui a prononcé sur les quatre questions qui suivent :

1.° Y a-t-il *contrariété* entre deux décisions inconciliables ?

2.° Est-ce un *ultrà petita* de réformer un jugement

482. S'il n'y a ouverture que contre un chef de jugement, il sera seul rétracté, à moins que les autres n'en soient dépendans.

483. La requête civile sera signifiée avec assignation dans les trois mois, à l'égard des majeurs, du jour de la signification à per-sonne ou domicile, du jugement attaqué.

484. Le délai de trois mois ne courra contre les mineurs que du jour de la significa-tion du jugement, faite depuis leur majorité, à personne ou domicile.

485. Lorsque le demandeur sera absent du territoire européen de l'empire pour un service de terre ou de mer, ou employé dans les négociations extérieures pour le service de l'état, il aura, outre le délai or-dinaire de trois mois depuis la signification du jugement, le délai d'une année.

486. Ceux qui demeurent hors de la France continentale auront, outre le délai de trois mois depuis la signification du ju-gement, le délai des ajournemens réglé par l'art. 73 ci-dessus.

---

au profit de celui qui a instruit comme appelant, sans émettre d'actes d'appel?

3°. La valable défense d'un mineur exige-t-elle qu'il y ait *des conclusions expresses*?

4°. Un juge qui siège aussitôt sa réception, blesse-t-il la loi sur la récusation péremptoire ?

487. Si la partie condamnée est décédée dans les délais ci-dessus fixés pour se pourvoir, ce qui en restera à courir ne commencera contre la succession que dans les délais et de la manière prescrite en l'article 447 ci-dessus.

488. Lorsque les ouvertures de requête civile seront le faux, le dol ou la découverte de pièces nouvelles, les délais ne courront que du jour où le faux aura été reconnu, le dol ou les pièces découvertes, pourvu que dans ces deux derniers cas il y ait preuve par écrit du jour, et non autrement.

Voy. les notes 1res. pages 266 et 270.

489. S'il y a contrariété de jugement, le délai courra du jour de la signification du dernier jugement.

490. La requête civile sera portée au même tribunal où le jugement attaqué aura été rendu; il pourra y être statué par les mêmes juges.

491. Si une partie veut attaquer par la requête civile un jugement produit dans une cause pendante en un tribunal autre que celui qui l'a rendu, elle se pourvoira devant le tribunal qui a rendu le jugement attaqué; et le tribunal saisi de la cause dans laquelle il est produit, pourra, suivant les circonstances, passer outre ou surseoir.

492. La requête civile sera formée par assignation au domicile de l'avoué de la partie
qui a obtenu le jugement attaqué, si elle est
formée dans les six mois de la date du jugement : après ce délai, l'assignation sera
donnée au domicile de la partie.

493. Si la requête civile est formée incidemment devant un tribunal compétent pour
en connaître, elle le sera par requête d'avoué
à avoué ; mais si elle est incidente à une
contestation portée dans un autre tribunal
que celui qui a rendu le jugement, elle sera
formée par assignation devant les juges qui
ont rendu le jugement.

494. La requête civile d'aucune partie
autre que celles qui stipulent les intérêts de
l'état, ne sera reçue, si avant que cette requête ait été présentée, il n'a été consigné
une somme de trois cents francs pour amende, et cent cinquante francs pour les dommages et intérêts de la partie, sans préjudice
de plus amples dommages et intérêts, s'il y a
lieu. La consignation sera de moitié si le jugement est par défaut ou par forclusion ; et
du quart, s'il s'agit de jugemens rendus par
les tribunaux de première instance.

495. La quittance du receveur sera signifiée en tête de la demande, ainsi qu'une
consultation de trois avocats exerçant de-

puis dix ans au moins près un des tribunaux du ressort de la cour d'appel dans lequel le jugement a été rendu.

La consultation contiendra déclaration qu'ils sont d'avis de la requête civile, et elle énoncera aussi les ouvertures, sinon la requête ne sera pas reçue.

Formule d'une Consultation de trois Avocats, pour l'attacher à la Requête civile.

Les conseils soussignés qui ont vu les pièces du procès dans lequel est intervenu un jugement en dernier ressort au Tribunal de l'arrondissement de...., le...., entre le sieur M...., propriétaire à ...., et le sieur D...., marchand à....,

Sont d'avis que le sieur M..... est bien fondé à se pourvoir par requête civile, pour obtenir la rétractation du jugement du....

Les extrêmes ou moyens de requête sont, 1.º que les formalités prescrites par les articles 480 et suiv. du code judiciaire, n'ont pas été observées.

2.º Tel autre moyen, etc.

On estime en conséquence, que le sieur M... n'éprouvera aucune difficulté à faire entériner la requête civile qu'il se propose de présenter, et qu'il obtiendra l'adjudication de toutes ses demandes.

Délibéré à ..., le ....

FORMULE *de Requête civile.*

A MM. les juges du Tribunal de première instance de l'arrondissement de . . ., département de . . .,

Expose M. . . ., propriétaire à . . ., qu'à la suite du procès qu'il a eu en votre Tribunal, contre le sieur D. . ., il est intervenu le. . . . ., jugement de condamnation contre l'exposant, etc.

Mais vous observerez, MM., que la procédure sur laquelle a été basée votre jugement, est vicieuse; on n'y a pas observé les formalités prescrites par les articles tels et tels du code judiciaire;

L'autre extrême pour légitimer la requête de l'exposant, résulte de ce que . . ., etc...

Par ces considérations, l'exposant recourt à ce qu'il vous plaise, MM., vu la consultation de MM. tels et tels, avocats, et la quittance de la consignation d'amende du.., jointes à la présente, entériner la présente requête civile, et remettre les parties au même état qu'elles étaient avant le jugement du..; permettre au surplus à l'exposant de faire assigner par-devant vous, le sieur D... pour entendre prononcer l'entérinement de ladite requête, et procéder en outre ainsi qu'il appartiendra; et ferez justice.

En marge est écrit : Soit communiqué au procureur impérial ; et ensuite vu les conclusions du procureur impérial, permis d'assigner aux fins de la requête dans les délais de la loi.

406. Si la requête civile est signifiée dans les six mois de la date du jugement, l'avoué de la partie qui a obtenu le jugement sera constitue de droit sans nouveau pouvoir.

497. La requête civile n'empêchera pas l'exécution du jugement attaqué; nulles défenses ne pourront être accordées. Celui qui aura été condamné à délaisser un héritage, ne sera reçu à plaider sur la requête civile, qu'en rapportant la preuve de l'exécution du jugement au principal.

498. Toute requête civile sera communiquée au ministère public.

499. Aucun moyen autre que les ouvertures de requête civile énoncées en la consultation, ne sera discuté à l'audience ni *par écrit* (1).

(1) Il faut aussi prononcer séparément sur le *rescindant* (*) et le *rescisoire* (**); ainsi jugé par arrêts

---

(*) Le rescindant *est la demande en restitution de l'arrêt ou jugement dont on se plaint, et qui est demandée et poursuivie en vertu des lettres en forme de requête civile.*

5oo. Le jugement qui rejetera la requête civile, condamnera le demandeur à l'amende

du Conseil des 12 mai, 25 juin et 5 août 1668, rapportés au recueil des arrêts du Conseil rendus en interprétation des nouvelles Ordonnances, et au nouveau recueil, tome 1.er, pages 186 et 199.

Cependant, si la même pièce qui donnerait lieu à la requête civile, servait en même-temps à la décision du principal, comme si un héritier condamné à payer une dette d'un défunt, avait depuis recouvré la quittance retenue par le fait de la partie adverse, il semble que si ce principal devait être décidé dans le même Tribunal que la requête civile, dans ce cas, les juges seraient bien fondés à prononcer en même-temps sur la requête et sur le principal par un seul et même jugement ; parce qu'alors l'entérinement de la requête civile emporte nécessairement la décision du fond, en sorte qu'il y aurait de l'injustice à obliger celui qui aurait recouvré cette quittance, à avoir deux procès à soutenir au lieu d'un.

Il en est de même dans tous les autres cas semblables, dans lesquels la requête civile et le principal sont inséparables ; par exemple, lorsqu'il s'agit d'un mineur qui prétend n'avoir pas été défendu, ou d'une contrariété d'arrêts. Dans ces cas, le fond

---

(**) Le rescisoire *est le fond des contestations décidées par le jugement contre lequel on se pourvoit, et qu'il s'agit de faire juger de nouveau.*

Voyez un arrêt de la Cour de cassation sur le rescindant et le rescisoire, année 10.e*, page 382.*

et aux dommages-intérêts ci-dessus fixés, sans préjudice de plus amples dommages et intérêts, s'il y a lieu.

501. Si la requête civile est admise, le jugement sera rétracté, et les parties seront remises au même état où elles étaient avant ce jugement; les sommes consignées seront rendues, et les objets des condamnations qui auront été perçus en vertu du jugement rétracté, seront restitués.

Lorsque la requête civile aura été entérinée, pour raison de contrariété de jugement, le jugement qui entérinera la requête civile, ordonnera que le premier jugement sera exécuté selon sa forme et teneur.

502. Le fond de la contestation sur laquelle le jugement rétracté aura été rendu, sera porté au même tribunal qui aura statué sur la requête civile.

503. Aucune partie ne pourra se pourvoir

---

même sert de moyen de requête civile, et il dépend alors de la prudence des juges de ne pas séparer la forme d'avec le fond.

On doit aussi observer que si on allègue des fins de non-recevoir contre la requête civile, il faut avant d'entrer dans les moyens de la requête, faire droit préalablement sur les fins de non-recevoir. (Ainsi jugé par arrêt du Conseil, du 1.ᵉʳ juillet 1668.)

en requête civile , soit contre le jugement déjà attaqué par cette voie , soit contre le jugement qui l'aura rejeté , soit contre celui rendu sur le rescisoire , à peine de nullité et de dommages-intérêts même contre l'a-voué qui , ayant occupé sur la première de-mande , occuperait sur la seconde.

504. La contrariété de jugemens rendus en dernier ressort entre les mêmes parties et sur les mêmes moyens en différens tri-bunaux , donne ouverture à cassation ; et l'instance est formée et jugée conformément aux lois qui sont particulières à la cour de cassation.

TITRE III.

De la Prise à Partie.

505. Les juges peuvent être *pris à par-tie* (1) dans les cas suivans :

---

(1) La prise à partie est l'intimation du juge en son propre et privé nom , faite par l'une des parties devant le Tribunal supérieur , à l'effet de rendre compte de son jugement ou d'un déni de justice , et pour être condamné aux dommages et intérêts envers celui qui en souffre.

Sous les mots *dol* , *fraude* , on comprend 1.° l'abus d'autorité , comme lorsque le juge excède son pouvoir , en connaissant des affaires qui ne sont point de sa compétence ;

1.º S'il y a eu dol, fraude, concussion qu'on prétendrait avoir été commis, soit dans le cours de l'instruction, soit lors du jugement ;

2.º Si la prise à partie est expressément prononcée par la loi ;

3.º Si la loi déclare les juges responsables, à peine de dommages-intérêts ;

4.º S'il y a déni de justice.

506. Il y a déni de justice lorsque les juges refusent de répondre les requêtes, ou négligent de juger les affaires en état et en tour *d'être jugées* (1).

Ou en arrêtant le cours de la justice, soit par la voie du déni, ainsi qu'il vient d'être dit, soit en empêchant l'exécution des arrêts par des défenses ou jugemens contraires ;

2°. Si le juge rend son jugement par passion ou par haine, ou par crédit. Loi 15, § 1, ff. *de judiciis ;*

Ou s'il s'est laissé corrompre par faveur ou par argent. L. *eadem*, §. ff. *de judiciis.*

Sous le mot de *concussion*, on comprend toutes taxes injustes et tous droits illégitimes que le juge peut percevoir dans les fonctions de son office. Voy. l'Ordonn. de Blois, art. 135; Edit du mois de mars 1637, art. 20, rapporté au nouveau recueil, tome 1, page 222.

(1) C'est-à-dire dont l'instruction est entièremennt achevée, et lorsque les appointemens seront exécutés, ou les délais écoulés.

5o7. Le déni de justice sera constaté par deux réquisitions aux juges , en la personne des greffiers , et signifiées de trois en trois jours au moins pour les juges de paix et de commerce , et de huitaine en huitaine au moins pour les autres juges : tout huissier requis sera tenu de faire ces réquisitions, à peine d'interdiction.

FORMULE de la Réquisition.

L'an... , le... , jour et mois , à la requête du sieur G... , propriétaire à... , qui fait élection de domicile en l'étude du sieur C...., avoué près le Tribunal de première instance de l'arrondissement de...., j'ai , F.. , huissier près ledit Tribunal , patenté sous le n.º.. , sommé et invité respectueusement M. A.. , juge près le même Tribunal , de vouloir bien faire son rapport dans l'affaire pendante audit Tribunal entre le requérant et le sieur J.. , propriétaire à.. , laquelle est en état depuis long-temps de recevoir jugement , et j'ai , huissier susdit , laissé copie de la présente réquisition signée par ledit sieur G.. , ainsi que l'original , au sieur P.. , greffier au même Tribunal , en parlant à.. , en l'invitant à en donner connaissance sans retard à mondit sieur A.. , pour qu'il n'en ignore , faisant au surplus toutes réserves de droit pour ledit sieur requérant.

5o8. Après les deux réquisitions, le juge pourra être pris à partie.

5o9. La prise à partie contre les juges de paix, contre les tribunaux de commerce ou de première instance, ou contre quelqu'un de leurs membres, et la prise à partie contre un juge d'appel ou contre un juge de la cour criminelle, seront portées à la cour d'appel du ressort.

La prise à partie contre les cours criminelles, contre les cours d'appel ou l'une de leurs sections, sera portée à la haute cour impériale, conformément à l'article 101 de l'acte des constitutions de l'empire, du 28 floréal an 12.

5io. Néanmoins aucun juge ne pourra être pris à partie, sans permission préalable du tribunal devant lequel la prise à partie sera portée.

511. Il sera présenté, à cet effet, une requête signée de la partie ou de son fondé de procuration authentique et spéciale, laquelle procuration sera annexée à la requête ainsi que les pièces justificatives, s'il y en a, à peine de nullité.

FORMULE de la Requête à présenter au Tribunal.

A MM. le juges du Tribunal de première instance,

Expose le sieur G.., propriétaire à.., poursuites et diligences du sieur C..., son procureur spécial,

Que dans le procès pendant en votre Tribunal entre l'exposant et le sieur J.., propriétaire à.., M. A.., juge au même Tribunal, a été nommé rapporteur ; que depuis trois ans l'affaire est en état de recevoir une décision, ainsi qu'il appert par ledit acte de procédure ;

Que l'exposant a prié et invité plusieurs fois M. A.. de faire son rapport ; qu'après plusieurs remises, il a fini par devenir invisible pour l'exposant, qui s'est vu par là réduit à la dure extrémité de lui faire signifier deux réquisitions au greffe de votre Tribunal.

C'est bien malgré lui que l'exposant est obligé de vous supplier de lui accorder la permission de prendre à partie M. A..

Par ces considérations, l'exposant recourt à ce qu'il vous plaise, MM., vu telles pièces de procédure du procès pendant par-devant vous entre l'exposant et le sieur J.., les deux actes contenant réquisition , dûment enregistrés , la procuration reçue B.. , notaire à.. et son confrère , le.. , aussi enregistrée , et l'exposé de la présente , permettre à l'exposant de prendre à partie M. A.. , juge en votre Tribunal , et ferez bien.

Voyez un arrêt de la Cour de cassation relatif à la requête de prise à partie , au recueil de l'an 11 , page 364.

512. Il ne pourra être employé aucun terme injurieux contre les juges , à peine contre la partie de telle amende , ou contre son avoué , de telle injonction ou suspension qu'il appartiendra.

513. Si la requête est rejetée , la partie sera condamnée à une amende qui ne pourra être moindre de trois cents francs , sans préjudice des dommages-intérêts envers les parties , s'il y a lieu.

514. Si la requête est admise , elle sera signifiée dans trois jours au juge qui sera tenu de fournir ses défenses dans la huitaine.

Il s'abstiendra de la connaissance du différent ; il s'abstiendra même jusqu'au jugement définitif de la prise à partie , de toutes les causes que la partie ou ses parens en ligne directe , ou son conjoint pourront avoir dans son tribunal , à peine de nullité des jugemens.

515. La prise à partie sera portée à l'audience sur un simple acte , et sera jugée par une autre section que celle qui l'aura admise : si la cour d'appel n'est composée que d'une section , le jugement de la prise à partie sera renvoyé à la cour d'appel la plus voisine par la cour de cassation.

516. Si le demandeur est débouté, il sera condamné à une amende qui ne pourra être moindre de trois cents francs , sans préjudice des dommages-intérêts envers les parties , s'il y a lieu.

LIVRE CINQUIÈME.

DE L'EXÉCUTION DES JUGEMENS.

TITRE PREMIER.

DES RÉCEPTIONS DE CAUTION.

517. Le jugement qui ordonnera de fournir caution fixera le délai dans lequel elle sera présentée, et celui dans lequel elle sera acceptée ou contestée.

518. La caution sera présentée par exploit signifié à la partie, si elle n'a point d'avoué, et par acte d'avoué, si elle en a constitué, avec copie de l'acte de dépôt qui sera fait au greffe, des titres qui constatent la solvabilité de la caution, sauf le cas où la loi n'exige pas que la solvabilité soit établie par titres.

Formule du Procès - verbal du dépôt des Titres de la Caution qui se présente.

N.., greffier du Tribunal de première instance de l'arrondissement de.., savoir fais que cejourd'hui huit juillet mil huit cent six, a comparu au greffe et par-devant moi, le sieur B.., propriétaire à.., assisté de son avoué tel.. (ou l'avoué seul du sieur B..), lequel a déclaré que pour parvenir à l'exécution provisoire du jugement qu'il a obtenu en ce Tribunal le six juin précédent, contre le sieur P.., il se dispose à offrir pour caution la personne du sieur A.., propriétaire à.., et fait présentement le dépôt de tels et tels titres qui établissent la propriété dudit sieur A.. sur le domaine de.. , consistant.., etc., desquels déclarations et dépôt il m'a demandé acte que je lui ai octroyé, et s'est ledit sieur B.., soussigné avec son avoué et moi ledit greffier.

Nota. Par l'art. 2019 du code civil, on est dispensé de faire le dépôt des titres de propriété pour établir la solvabilité de la caution, en matière de commerce, ou lorsque la dette est modique.

FORMULE *de l'Exploit signifié à la partie, pour présenter la Caution.*

A la requête du sieur B.., qui continue son élection de domicile en l'étude du sieur N.., son avoué constitué, j'ai (*exprimer les nom, prénom, qualité, demeure, immatricule, et le n.º de la patente de l'huissier*) signifié et donné copie au sieur P..., en son domicile (ou au sieur N..., avoué dudit sieur P..), de l'acte de dépôt

fait au greffe du Tribunal de première instance de l'arrondissement de.., dûment enregistré le.., des titres qui établissent la validité du cautionnement que fournit le sieur
B.., avec interpellation que j'ai faite audit
sieur P.. (ou à son avoué) d'accepter ladite
caution cette part présentée, ou d'expliquer
les motifs de son refus, si aucuns il a, à
la forme de la loi, faisant à ce sujet pour
le requérant toutes réserves de droit utiles
et nécessaires, et en outre laissé copie, parlant comme dessus, de mon présent exploit.

519. La partie pourra prendre au greffe
communication des titres. Si elle accepte
la caution, elle le déclarera par un simple
acte : dans ce cas, ou si la partie ne conteste pas dans le délai, la caution fera au
greffe sa soumission qui sera exécutoire sans
jugement, même pour la contrainte par
corps, s'il y a lieu à contrainte.

520. Si la partie conteste la caution dans
le délai fixé par le jugement, l'audience
sera poursuivie sur un simple acte.

521. Les réceptions de caution seront jugées sommairement sans requête ni écritures ; le jugement sera exécuté nonobstant
l'appel.

522. Si la caution est admise, elle fera

sa soumission conformément à l'article 519 ci-dessus.

TITRE II.

De la Liquidation des Dommages-intérêts.

523. Lorsque l'arrêt ou le jugement n'aura pas fixé les *dommages-intérêts* (1), la dé-

---

(1) Les dommages-intérêts sont la récompense que celui qui cause quelque perte ou quelque dommage à un tiers, soit par un fait, soit par l'inexécution d'une convention, est tenu de faire à celui qui le souffre, comme dans le cas de complainte, réintégrande, emprisonnement, saisie et exécution, refus d'accomplir un marché, etc.

Il arrive le plus souvent que les juges estiment d'office ces dommages-intérèts, et les fixent par le jugement qui y condamne, sur-tout quand ces dommages-intérèts ne sont pas de grande conséquence; mais si les juges ne se croyent pas en état de liquider sur-le-champ ces dommages et intérèts, et que la liquidation dépende d'un examen long et pénible, alors il faut les liquider par déclaration, suivant la procédure établie dans ce titre.

La partie qui a gagné son procès avec dépens, dommages et intérèts, peut comprendre les unes et les autres dans une même déclaration, quoiqu'elle puisse le faire par un libelle séparé. (Arrêt du 24 décembre 1696, rapporté par Pinault, tom. 1.er, arrêt 132.)

On peut comprendre dans cette déclaration de dommages et intérèts, non-seulement les pertes et

claration en sera signifiée à l'avoué du défendeur, s'il en a été constitué ; et les pièces seront communiquées sur récépissé de l'avoué ou par la voie du greffe.

524. Le défendeur sera tenu, dans les délais fixés par les articles 97 et 98, et sous les peines y portées, de remettre lesdites pièces ; et huitaine après l'expiration desdits délais, de faire ses offres au demandeur de la somme qu'il avisera pour les dommages-intérêts, sinon la cause sera portée sur un simple acte à l'audience, et il sera condamné à payer le montant de la déclaration, si elle est trouvée juste et bien vérifiée.

525. Si les offres contestées sont jugées suffisantes, le demandeur sera condamné aux dépens, du jour des offres.

TITRE III.

De la Liquidation des Fruits.

Liquider des fruits, c'est les évaluer à certaine somme de deniers, c'est-à-dire les estimer selon qu'ils valaient au temps qu'ils ont été perçus par celui qui est obligé d'en rendre l'estimation.

---

les dommages qu'on a soufferts, mais souvent aussi les gains et les profits qu'on a manqué de faire. Voyez *Imbert* en ses institutions, liv. 1, chap. 53, n.° 8.

Lorsque le possesseur d'un héritage est condamné à la restitution des fruits, il doit délivrer en espèce ceux de la dernière année ; et quant à ceux des années précédentes, la liquidation en doit être faite eu égard aux quatre saisons et au prix commun de chaque année, si ce n'est qu'il en ait été autrement ordonné par le juge, ou convenu entre les parties ; mais cette liquidation n'a lieu que quand il s'agit de fruits naturels : car la liquidation n'a point lieu pour les fruits civils, puisqu'ils sont fixés et ne varient point.

526. Celui qui sera condamné à restituer des fruits, en rendra compte dans la forme ci-après ; et il sera procédé comme sur les autres comptes rendus en justice.

TITRE IV.

Des Redditions de Comptes.

Un compte tutélaire est ordinairement composé d'un chapitre de *recette*, d'un chapitre de *dépense*, et d'un chapitre de *reprise*.

La *recette* se justifie par l'inventaire et autres actes qui ont pu charger le rendant ;

La *dépense*, par des quittances valables ou frais qui doivent passer en compte ;

Et la *reprise*, par les diligences du rendant, comme assignations, commandemens, saisies, procès-verbaux de meubles, ventes et autres actes, qui prouvent que le comptable n'a pu être payé de la dette employée à la reprise.

Autrefois le mineur avait trente ans pour demander la reddition de son compte, à dater de sa majorité.

Aujourd'hui , *toute action du mineur* (dit l'article 475 du code civil) *contre son tuteur, relativement aux faits de la tutelle , se prescrit par dix ans , à compter de la majorité.*

527. Les comptables commis par justice seront poursuivis devant les juges qui les auront commis ; les tuteurs devant les juges du lieu où la tutelle a été déférée ; tous autres comptables , devant les juges de leur domicile.

528. En cas d'appel d'un jugement qui aurait rejeté une demande en reddition de compte, l'arrêt infirmatif renverra, pour la reddition et ce jugement du compte, au tribunal où la demande avait été formée , ou à tout autre tribunal de première instance que l'arrêt indiquera.

Si le compte a été rendu et jugé en première instance , l'exécution de l'arrêt infirmatif appartiendra à la cour qui l'aura rendu, ou à un autre tribunal qu'elle aura indiqué par le même arrêt.

529. Les oyans qui auront le même intérêt nommeront un seul avoué ; faute de s'accorder sur le choix, le plus ancien occupera , et néanmoins chacun des oyans pourra en constituer un : mais les frais occasionnés par cette constitution particulière,

et faits tant activement que passivement, seront supportés par l'oyant.

530. Tout jugement portant condamnation de rendre compte, fixera le délai dans lequel le compte sera rendu, et commettra un juge.

531. Si le *préambule* (1) du compte, en y comprenant la mention de l'acte ou du jugement qui aura commis le rendant, et du jugement qui aura ordonné le compte, excède six rôles, l'excédant ne passera point en taxe.

532. Le rendant n'emploiera pour dépense commune que les frais de voyage, s'il y a lieu, les vacations de l'avoué qui aura mis en ordre les pièces du compte, les grosses et copies, les frais de présentation et affirmation.

533. Le compte contiendra les recette et dépense effectives ; il sera terminé par la récapitulation de la balance desdites recette

______

(1) *Préambule* ou *préface* d'un compte est une exposition du fait qui se met au commencement du compte pour expliquer les circonstances nécessaires à l'intelligence de ce compte, et pour mettre le juge en état d'en connaître l'objet, comme la commission ou l'acte de tutelle du rendant, et autres actes dont il est parlé dans cet article.

et dépense , sauf à faire un chapitre particulier des objets à recouvrer.

Voy. les notes mises à la tête du présent titre.

534. Le rendant présentera et affirmera
son compte en personne ou par procureur
spécial , dans le délai fixé et au jour indiqué
par le juge-commissaire , les oyans présens
ou appelés , à personne ou domicile s'ils n'ont
avoué , et par acte d'avoué s'ils en ont constitué.

Le délai passé , le rendant y sera contraint
par saisie et vente de ses biens , jusqu'à concurrence d'une somme que le tribunal arbi-
trera : il pourra même y être contraint par
corps , si le tribunal l'estime convenable.

535. Le compte présenté et affirmé , si la
recette excède la dépense , l'oyant pourra
requérir du juge-commissaire exécutoire de
cet excédant , sans approbation du compte.

536. Après la présentation et affirmation ,
le compte sera signifié à l'avoué de l'oyant :
les pièces justificatives seront cotées et paraphées par l'avoué du rendant ; si elles sont
communiquées sur récépissé , elles seront ré-
tablies dans le délai qui sera fixé par le juge-
commissaire , sous les peines portées par l'article 107.

Si les oyans ont constitué avoués différens , la copie et la communication ci-dessus

seront données à l'avoué plus ancien seulement, s'ils ont le même intérêt ; et à chaque avoué, s'ils ont des intérêts différens.

S'il y a des créanciers intervenans , ils n'auront tous ensemble qu'une seule communication, tant du compte que des pièces justificatives, par les mains du plus ancien des avoués qu'ils auront constitués.

Nota. L'oyant qui a un intérêt particulier et différent des autres oyans (en supposant, par exemple , que sa dépense particulière ait été plus considérable que celles des autres oyans), doit avoir indépendamment de la communication du compte général , une copie des chapitres particuliers de recette et de dépense qui le concernent.

537. Les quittances de fournisseurs , ouvriers , maîtres de pensions, et autres de même nature , produites comme pièces justificatives du compte , sont dispensées de l'enregistrement.

538. Aux jour et heure indiqués par le commissaire, les parties se présenteront devant lui , pour fournir débats , soutenemens et réponses sur son procès-verbal : si les parties ne se présentent pas , l'affaire sera portée à l'audience sur un simple acte.

539. Si les parties ne s'accordaient pas , le commissaire ordonnera qu'il en sera par lui fait rapport à l'audience au jour qu'il

indiquera : elles seront tenues de s'y trouver sans aucune sommation.

540. Le jugement qui interviendra sur l'instance de compte , contiendra le calcul de la recette et des dépenses , et fixera le reliquat précis , s'il y en a aucun.

541. Il ne sera procédé à la révision d'aucun compte , sauf aux parties , s'il y a erreurs , omissions , faux , ou doubles emplois , à en former leurs demandes devant les mêmes juges.

Voyez les observations de Jousse , sur l'art. 21 du titre 29 de l'Ordonnance de 1667.

542. Si l'oyant est défaillant , le commissaire fera son rapport au jour par lui indiqué ; les articles seront alloués , s'ils sont justifiés ; le rendant , s'il est reliquataire , gardera les fonds sans intérêts , et s'il ne s'agit point d'un compte de tutelle , le comptable donnera caution , si mieux il n'aime consigner.

TITRE V.

De la Liquidation des Dépens et Frais.

543. La liquidation des dépens et frais sera faite en matière sommaire , par le jugement qui les adjugera.

544. La manière de procéder à la liquidation des dépens et frais dans les autres

matières, sera déterminée par un ou plusieurs règlemens d'administration publique qui seront exécutoires le même jour que le présent code, et qui après trois ans au plus tard, seront présentés en forme de loi au corps législatif, avec les changemens dont ils auront paru susceptibles.

TITRE VI.

Règles générales sur l'Exécution forcée des Jugemens et Actes.

545. Nul jugement ni acte ne pourront être mis à exécution, s'ils ne portent le même intitulé que les lois, et ne sont terminés par un mandement aux officiers de justice, ainsi qu'il est dit art. 146.

546. Les jugemens rendus par les tribunaux étrangers, et les actes reçus par les officiers étrangers, ne seront susceptibles d'exécution en France, que de la manière et dans les cas prévus par les articles 2123 et 2128 du code civil, ainsi conçus :

Art. 2123. L'hypothèque judiciaire résulte des jugemens soit contradictoires, soit par défaut, définitifs ou provisoires, en faveur de celui qui les a obtenus. Elle résulte aussi des reconnaissances ou vérifications faites en jugement ; des signatures apposées à un acte obligatoire sous seing privé.

Elle peut s'exercer sur les immeubles actuels du

débiteur, et sur ceux qu'il pourra acquérir, sauf aussi les modifications qui seront ci-après exprimées.

Les décisions arbitrales n'emportent hypothèque qu'autant qu'elles sont revêtues de l'ordonnance judiciaire d'exécution.

L'hypothèque ne peut pareillement résulter des jugemens rendus en pays étrangers, qu'autant qu'ils ont été déclarés exécutoires par un Tribunal français, sans préjudice des dispositions contraires qui peuvent être dans les lois politiques ou dans les traités.

2128. Les contrats passés en pays étrangers ne peuvent donner d'hypothèque sur des biens de France, s'il n'y a des dispositions contraires à ce principe dans les lois politiques ou dans les traités.

547. Les jugemens rendus et les actes passés en France, seront exécutoires dans tout l'empire, sans *visa* ni *pareatis*, encore que l'exécution ait lieu hors du ressort du tribunal par lequel les jugemens ont été rendus ou dans le territoire duquel les actes ont été passés.

548. Les jugemens qui prononceront une main-levée, une radiation d'inscription hypothécaire, un paiement ou quelqu'autre chose à faire par un tiers ou à sa charge, ne seront exécutoires par les tiers ou contre eux, même après les délais de l'opposition ou de l'appel, que sur le certificat de l'avoué de la partie poursuivante, contenant la date de la signification du jugement, faite au

domicile de la partie condamnée, et sur l'attestation du greffier constatant qu'il n'existe contre le jugement ni opposition ni appel.

549. A cet effet, l'avoué de l'appelant fera mention de l'appel dans la forme et sur le registre prescrit par l'article 163.

550. Sur le certificat qu'il n'existe aucune opposition ni appel sur ce registre, les sequestres conservateurs, et tous autres seront tenus de satisfaire au jugement.

551. Il ne sera procédé à aucune saisie mobilière ou immobilière, qu'en vertu d'un titre exécutoire, et pour choses liquides et certaines : si la dette exigible n'est pas d'une somme en argent, il sera sursis, après la saisie, à toutes poursuites ultérieures, jusqu'à ce que l'appréciation en ait été faite.

552. *La contrainte par corps* (1) pour

---

(1) La contrainte par corps a lieu en matière civile pour le stellionat.

Il y a stellionat,

Lorsqu'on vend ou qu'on hypothèque un immeuble dont on sait n'être pas propriétaire ;

Lorsqu'on présente comme libres des biens hypothéqués, ou que l'on déclare des hypothèques moindres que celles dont ces biens sont chargés.

La contrainte par corps a lieu pareillement,

1°. Pour dépôt nécessaire ;

objet susceptible de liquidation, ne pourra être exécutée, qu'après que la liquidation aura été faite en argent.

2°. En cas de réintégrande, pour le délaissement ordonné par justice, d'un fonds dont le propriétaire a été dépouillé par voies de fait, pour la restitution des fruits qui en ont été perçus pendant l'indue possession, et pour le paiement des dommages et intérêts adjugés au propriétaire;

3°. Pour répétition de deniers consignés entre les mains de personnes publiques établies à cet effet;

4°. Pour la représentation des choses déposées aux sequestres, commissaires et autres gardiens;

5°. Contre les cautions judiciaires et contre les cautions des contraignables par corps, lorsqu'elles se sont soumises à cette contrainte;

6°. Contre tous officiers publics, pour la représentation de leurs minutes quand elle est ordonnée;

7°. Contre les notaires, les avoués et les huissiers pour la restitution des titres à eux confiés, et des deniers par eux reçus pour leurs cliens par suite de leurs fonctions.

Ceux qui, par un jugement rendu au pétitoire, et passé en force de chose jugée, ont été condamnés à désemparer un fonds, et qui refusent d'obéir, peuvent, par un second jugement, être contraints par corps, quinzaine après la signification du premier jugement à personne ou domicile.

Si le fonds ou l'héritage est éloigné de plus de cinq myriamètres du domicile de la partie condamnée, il sera ajouté au délai de quinzaine, un jour par cinq myriamètres. Art. 2059, 2060 et 2061 du code civil.

553. Les contestations élevées sur l'exécution des jugemens des tribunaux de commerce, seront portées au tribunal de première instance du lieu où l'exécution se poursuivra.

554. Si les difficultés élevées sur l'exécution des jugemens ou actes requièrent célérité, le tribunal du lieu y statuera provisoirement, et renverra la connaissance du fond au tribunal d'exécution.

555. L'officier insulté dans l'exercice de ses fonctions, dressera procès-verbal de rébellion, et il sera procédé suivant les règles établies par le code criminel.

FORMULE de Procès-verbal de Rébellion.

L'an.., etc. (avant ou après midi), je, A., huissier-audiencier près le Tribunal de première instance, patenté sous le n.º 28, savoir fais qu'étant chargé de mettre à exécution le jugement obtenu par le sieur B.., propriétaire à.., le.., dûment enregistré, contre le sieur P.., négociant à.. , demeurant rue de.., n.º.., suivant le réquisitoire mis à la suite dudit jugement, signé par le sieur G.., avoué dudit sieur A.. , je me suis transporté, étant accompagné de M.. et T.., au-devant du domicile dudit P.., et ayant frappé à sa porte, une servante s'est présentée, à laquelle j'ai demandé si

le sieur P.. était à la maison ; elle m'a répondu que ouï : sur quoi je l'ai invitée à
l'appeler, parce que j'avais quelque chose d'intéressant à lui dire. Ladite servante ayant
aussitôt appelé ledit P.. , il s'est rendu dans
la petite cour qui précéde le bâtiment qu'il
occupe , et m'ayant demandé brusquement
ce que je voulais , je lui ai dit que j'étais
chargé de saisir ses meubles , faute par lui
de payer la somme de....., montant de
celle par lui due au sieur B......, ainsi que
celle de......., pour les frais liquidés par le
jugement rendu au Tribunal de première
instance de l'arrondissement de..., dans lequel lesdites adjudications étaient distinctement énoncées, et formaient la somme
totale de.., suivant le commandement que je
lui ai fait le.. , lui déclarant que j'allais appeler deux voisins pour être temoins de la
saisie que je serais obligé de faire , s'il ne
payait pas le sieur B.. Après cette explication il est devenu furieux, il m'a fait les
plus grandes menaces si je ne sortais à l'instant de son domicile ainsi que mes témoins ;
je lui ai fait les représentations les plus
honnêtes ; sa colère étant devenue plus vio-
lente, il a pris un morceau de bois qui était
sur le pavé de la cour , et m'en a porté
deux coups terribles sur le bras gauche :

il était prêt à en faire autant à l'un de mes témoins, lorsque je les ai engagé à sortir promptement du domicile du sieur P.., et je me suis à l'instant retiré dans un logis situé à quelque distance de la maison du sieur P.., où pend pour enseigne l'image de..., pour y rédiger mon présent procès-verbal; j'ai envoyé l'un de mes témoins chercher un officier de santé pour venir visiter mon bras et me donner les secours nécessaires; après quoi, et en attendant l'officier de santé, j'ai représenté au sieur F.., que me trouvant très-mal, je le priais de me faire un lit à l'instant.

En foi de quoi j'ai dressé mon présent procès-verbal dont mes témoins ont pris lecture, avec invitation que je leur ai faite de le porter de ma part à M. l'officier de sureté, après la clôture et signature d'icelui, pour ensuite être mesdits témoins et moi, répétés dans le procès-verbal, lorsqu'il plaira à mondit sieur officier de sureté.

Fait et clos les an et jour susdits, en la chambre de l'auberge du sieur F.., et je me suis soussigné avec mes témoins.

556. La remise de l'acte ou du jugement à l'huissier, vaudra pouvoir pour toutes exécutions, autres que la saisie immobi-

lière et l'emprisonnement , pour lesquels il sera besoin d'un pouvoir spécial.

TITRE VII.

Saisies-arrêts ou Oppositions.

557. Tout créancier peut, en vertu de titres authentiques ou privés , saisir-arrêter entre les mains d'un tiers, les sommes et effets appartenans à son débiteur, ou s'opposer à leur retenue.

558. S'il n'y a pas de titre, le juge du domicile du débiteur et même celui du domicile du tiers saisi , pourront, sur requête, permettre la saisie-arrêt ou opposition.

559. Tout exploit de saisie-arrêt ou opposition , fait en vertu d'un titre , contiendra l'énonciation du titre et de la somme pour laquelle elle est faite ; si l'exploit est fait en vertu de la permission du juge, l'ordonnance énoncera la somme pour laquelle la saisie-arrêt ou opposition est faite , et il sera donné copie de l'ordonnance en tête de l'exploit.

Si la créance pour laquelle on demande la permission de saisir-arrêter , n'est pas liquide , l'évaluation provisoire en sera faite par le juge.

L'exploit contiendra aussi élection de domicile dans le lieu où demeure le tiers saisi, si le saisissant n'y demeure pas, le tout à peine de nullité.

Formule de Saisie-arrêt entre les mains d'un tiers.

L'an..., le.., à la requête du sieur N... (*qualité, demeure et élection de domicile*), et en exécution de l'acte reçu T.. et son confrère, notaires à.., contenant obligation d'une somme de.., due par le sieur D.., au profit du sieur N.., payable le.., j'ai, huissier *(faire mention de l'immatricule, résidence de l'huissier et du n.º de la patente, etc.*), saisi et arrêté entre les mains du sieur P.., propriétaire à.., toutes les sommes qu'il peut devoir audit sieur D.., à quelque titre que ce soit (ou les objets qui ont été mis en dépôt entre ses mains par le sieur D..), et ce pour sureté et avoir paiement de ladite somme.., au sieur N.., avec défense que j'ai faite audit sieur P.., de se dessaisir jusqu'à ce qu'il n'ait été ordonné autrement par justice, et ai laissé copie audit sieur P.. de mon présent exploit en son domicile, rue de.., parlant à.., afin qu'il n'en ignore.

Nota. A la forme de l'art. 558, s'il n'y a pas de titres authentiques, on présente requête aux juges, laquelle peut être conçue en ces termes :

A MM. les Juges , etc..

Expose N.., propriétaire, demeurant à.. , qu'il lui est dû par le sieur D.. une somme de...., prix de la livraison qu'il lui a faite de tels et tels objets.

Ce particulier négligeant de faire le paiement au terme convenu lors de la convention verbale faite entre eux, l'exposant, pour assurer sa créance , se trouve obligé de saisir entre les mains du sieur P.. , qui doit audit sieur D.. , une somme de.... (ou qui est dépositaire de tels effets à lui remis par le sieur D..).

En conséquence, il recourt à ce qu'il vous plaise , MM. , vu l'exposé de la présente , permettre à l'exposant de faire saisir et arrêter entre les mains dudit sieur P.. , ce qu'il doit audit sieur D.... (ou les effets dont il est dépositaire) ; et ferez bien.

En marge est écrit : Permis de saisir et arrêter entre les mains du sieur P.. , tout ce qu'il doit au sieur D.. (ou les effets dont il est dépositaire), et ce aux périls , risques et fortune de l'exposant. Fait à..

A la forme de l'art. 559, l'huissier doit donner copie en tête de son exploit de l'ordonnance du juge.

Si la créance n'est pas liquide, le saisissant ajoute dans les conclusions de sa requête, qu'il plaise au juge la liquider. Par exemple, s'il s'agit de tant de décalitres de grain, le juge fait la liquidation à la vue du taux des gros fruits, et en ce cas l'ordonnance qui permet la saisie peut être conçue en ces termes :

Vu l'exposé de la présente, nous avons liquidé provisoirement la créance du sieur N...., à la somme de..., à raison de tant de décalitres de grain par lui livrés au sieur D....., et ce suivant les mercuriales ; et en conséquence, avons permis de saisir par forme d'arrêt entre les mains du sieur P.., etc.

560. La saisie-arrêt ou opposition entre les mains de personnes non demeurant en France, sur le continent, ne pourra point être faite au domicile des procureurs impériaux ; elle devra être signifiée à personne ou domicile.

561. La saisie-arrêt ou opposition formée entre les mains des receveurs, dépositaires ou administrateurs de caisses ou deniers publics, en cette qualité, ne sera point valable, si l'exploit n'est fait à la personne préposée pour le recevoir, et s'il n'est visé par elle sur l'original, ou en cas de refus par le procureur impérial.

562. L'huissier qui aura signé la saisie-arrêt ou opposition, sera tenu, s'il en est requis, de justifier de l'existence du saisissant, à l'époque où le pouvoir de saisir a

été donné, à peine d'interdiction, et des dommages et intérêts des parties.

Nota. Pour éviter à l'huissier tout embarras et toute contestation, il serait à propos qu'il se fit donner par le saisissant un pouvoir en bonne forme, et s'il était rédigé sous seing privé, que la vérité de la signature fût attestée par le maire de sa commune, ou le juge de paix de l'arrondissement;

Ou bien l'huissier pourrait mettre en tête de son exploit un réquisitoire qui serait signé par le saisissant, et sa signature légalisée.

563. Dans la huitaine de la saisie-arrêt ou opposition, outre un jour pour 3 myriamètres de distance entre le domicile du tiers saisi et celui du saisissant, et un jour pour 3 myriamètres de distance entre le domicile de ce dernier et celui du débiteur saisi, le saisissant sera tenu de dénoncer la saisie-arrêt ou opposition au débiteur saisi, et de l'assigner de validité.

564. Dans un pareil délai, outre celui en raison des distances, à compter du jour de la demande en validité, cette demande sera dénoncée, à la requête du saisissant, au tiers saisi, qui ne sera tenu de faire aucune déclaration avant que cette dénonciation lui ait été faite.

565. Faute de demande en validité, la saisie ou opposition sera nulle; faute de dé-

nonciation de cette demande au tiers saisi , les paiemens par lui faits jusqu'à la dénonciation, seront valables.

566. En aucuns cas , il ne sera nécessaire de faire précéder la demande en validité par une citation en conciliation.

567. La demande en validité et la demande en main-levée formées par la partie saisie , seront portées devant le tribunal du domicile de la partie saisie.

568. Le tiers saisi ne pourra être assigné en déclaration , s'il n'y a titre authentique ou jugement qui ait déclaré la saisie-arrêt ou l'opposition valable.

569. Les fonctionnaires publics dont il est parlé à l'article 561 , ne seront point assignés en déclaration ; mais ils délivreront un certificat constatant s'il est dû à la partie saisie , et énonçant la somme si elle est liquide.

570. Le tiers saisi sera assigné sans citation préalable en conciliation devant le tribunal qui doit connaître de la saisie , sauf à lui, si sa déclaration est contestée , à demander son renvoi devant son juge.

571. Le tiers saisi assigné , fera sa déclaration et l'affirmera au greffe , s'il est sur les lieux , sinon devant le juge de paix de son domicile, sans qu'il soit besoin , dans

ce cas , de réitérer l'affirmation au greffe.

572. La déclaration et l'affirmation pourront être faites par procuration spéciale.

573. La déclaration énoncera les causes et le montant de la dette , les paiemens à-compte , si aucuns ont été faits , l'acte ou les causes de libération , si le tiers saisi n'est plus débiteur , et dans tous les cas , les saisies-arrêts ou oppositions formées entre ses mains.

574. Les pièces justificatives de la déclaration seront annexées à cette déclaration ; le tout sera déposé au greffe , et l'acte de dépôt sera signifié par un seul acte contenant constitution d'avoué.

575. S'il survient de nouvelles saisies-arrêts ou oppositions , le tiers saisi les dénoncera à l'avoué du premier saisissant , par extrait contenant les noms et élections de domicile des saisissans , et les causes des saisies-arrêts ou oppositions.

576. Si la déclaration n'est pas contestée, il ne sera fait aucune autre procédure , ni de la part du tiers saisi ni contre lui.

577. Le tiers saisi qui ne fera pas sa déclaration ou qui ne fera pas les déclarations ordonnées par les articles ci-dessus , sera déclaré débiteur pur et simple des causes de la saisie.

578. Si la saisie-arrêt ou opposition est formée sur des effets mobiliers, le tiers saisi sera tenu de joindre à sa déclaration un état détaillé desdits effets.

579. Si la saisie-arrêt ou opposition est déclarée valable, il sera procédé à la vente et distribution du prix, ainsi qu'il sera dit au titre *de la Distribution par Contribution.*

580. Les traitemens et pensions dus par l'état, ne pourront être saisis que pour la portion déterminée par les lois ou par arrêtés du Gouvernement.

581. Seront insaisissables,

1.º Les choses déclarées insaisissables par la loi ;

2.º Les provisions alimentaires adjugées par justice ;

3.º Les sommes et objets disponibles, déclarés insaisissables par le testateur ou donateur ;

4.º Les sommes et pensions pour alimens, encore que le testament ou l'acte de donation ne les déclare pas insaisissables.

582. Les provisions alimentaires ne pourront être saisies que pour cause d'alimens ; les objets mentionnés aux n.ᵒˢ 3 et 4 du précédent article, pourront être saisis par des créanciers postérieurs à l'acte de donation ou à l'ouverture du legs, et ce, en

vertu de la permission du juge et pour la portion qu'il déterminera.

TITRE VIII.

Des Saisies-Exécutions.

583. Toute saisie-exécution sera précédée d'un commandement à la personne ou au domicile du débiteur, faite au moins un jour avant la saisie, et contenant notification du titre, s'il n'a déjà été notifié.

Formule du Commandement.

L'an...., etc., à la requête du sieur P...., propriétaire à...., qui fait élection de domicile en sa maison de résidence en ladite ville, et en celle du sieur A., son avoué près le Tribunal de première instance à..., où il requiert que toute signification soit faite, j'ai (*exprimer les nom, prénom, demeure, immatricule et n.º de la patente*) donné copie au sieur J..., propriétaire en ladite ville, du jugement contradictoirement rendu entre lui et le sieur P..., le ..., dûment enregistré le..., parlant à sa personne, avec commandement que je lui ai fait de payer sur-le-champ entre mes mains, comme porteur de commission, la somme de.., tant pour le montant de l'adjudication principale faite audit sieur P..., que des frais liquidés par ledit jugement, sans préjudice de ceux

du présent commandement et accessoires ;
lui déclarant que faute par lui de s'exécuter,
il y sera contraint par les voies de droit ; et
j'ai laissé audit sieur J.... copie tant dudit
jugement que du présent commandement,
en parlant comme dessus.

584. Il contiendra élection de domicile
jusqu'à la fin de la poursuite dans la commune où doit se faire l'exécution, si le créancier n'y demeure ; et le débiteur pourra faire
à ce domicile élu toutes significations, même
d'offres réelles et d'appel.

Voyez le commentaire de Jousse sur l'art 1 du titre
33, note 3, où il s'explique ainsi :

« Cette élection de domicile du saisissant est requise non-seulement afin que le débiteur connaisse le
lieu où il doit s'adresser pour faire les oppositions et
significations nécessaires ; mais elle donne encore aux
saisis et aux autres opposans, le droit d'assigner le
saisissant par-devant le juge du lieu du domicile élu,
pour décider sur les contestations qui peuvent arriver
au sujet de cette saisie, etc. »

585. L'huissier sera assisté de deux témoins français, majeurs, non parens ni alliés des parties ou de l'huissier, jusqu'au degré de cousin issu de germain inclusivement,
ni leurs domestiques ; il énoncera sur le procès - verbal leurs noms , professions et demeures. Les témoins signeront l'original et

les copies. La partie poursuivante ne pourra être présente à la saisie.

Nota. Quelques commentateurs sur l'Ordonnance de 1667, avaient pensé que l'établissement du contrôle des actes par l'édit du mois d'août 1669, avait dispensé les huissiers de se faire assister de deux recors dans leurs exploits de saisie; mais c'était une erreur dans laquelle les huissiers exploitans dans l'étendue de la ci-devant Bourgogne ne tombaient pas, sachant bien que leurs exploits de saisie auraient été cassés par ce défaut de formalité : aujourd'hui il ne peut s'élever nulle part un doute sur la nécessité d'appeler des recors, à la vue de la disposition de l'article ci-dessus transcrit.

586. Les formalités des exploits seront observées dans les procès-verbaux de saisie-exécution; ils contiendront itératif commandement si la saisie est faite en la demeure du saisi.

587. Si les portes sont fermées, ou si l'ouverture en est refusée, l'huissier pourra établir gardien aux portes pour empêcher le divertissement : il se retirera sur-le-champ, sans assignation, devant le juge de paix, ou à son défaut, devant le commissaire de police; et dans les communes où il n'y en a pas, devant le maire, et à son défaut, devant l'adjoint, en présence desquels l'ouverture des portes, même celle des meubles fermans, sera faite au fur et à mesure de la

saisie. L'officier qui se transportera ne dressera point de procès-verbal; mais il signera celui de l'huissier, lequel ne pourra dresser du tout qu'un seul et même procès-verbal.

588. Le procès-verbal contiendra la désignation détaillée des objets saisis; s'il y a des marchandises, elles seront pesées, mesurées et jaugées suivant leur nature.

589. L'argenterie sera spécifiée par pièces et poinçons, et elle sera pesée.

590. S'il y a des deniers comptans, il sera fait mention du nombre et de la qualité des espèces; l'huissier les déposera au lieu établi pour les consignations, à moins que le saisissant et la partie saisie, ensemble les opposans, s'il y en a, ne conviennent d'un autre dépositaire.

591. Si le saisi est absent et qu'il y ait refus d'ouvrir aucune pièce ou meuble, l'huissier en requerra l'ouverture; et s'il se trouve des papiers, il requerra l'apposition des scellés par l'officier appelé pour l'ouverture.

Formule de Saisie.

L'an..., etc., à la requête de J..., propriétaire à..., qui fait élection de domicile en sa maison de résidence en ladite ville, et en celle du sieur A...., son avoué près le Tribunal de première instance à..., où il requiert que toute signification soit faite ; je (*exprimer les nom , surnom, demeure , matricule et n°. de la patente de l'huissier*), assisté de C..... et B...., tous deux manouvriers à ....(1), me suis transporté dans la rue qu'habite le sieur J... ; arrivé à la porte , je l'ai trouvée fermée ; et après avoir frappé trois fois , et personne ne s'étant présenté pour l'ouvrir, je me suis retiré en laissant mes recors à ladite porte , dans la crainte qu'on ne divertît quelques-uns des meubles et effets du domicile dudit sieur J..... (2), après avoir préalablement fait signer par mes recors cette partie de mon procès-verbal , à l'effet, à la vue d'icelle, d'obtenir d'un officier de justice ou de police une permission de faire ouvrir la porte de la maison dudit sieur J....

Fait à..... le....., heure de......, et nous nous sommes soussignés. Suivent les trois signatures.

Et en continuant mon exploit susdit , je suis revenu avec M. R..., juge de paix (ou commissaire de police ou maire), au-devant

____

(1) Voyez l'art. 585 qui exige que les recors ne soient point parens des parties, etc.

(2) Voyez l'art. 587 , qui exige que l'huissier établisse gardien , etc.

(319)

du domicile du sieur J..., et mondit sieur...
(*le juge de paix*) (1) a envoyé querir tel..,
serrurier en cette ville, lequel étant arrivé,
il lui a commandé d'ouvrir et faire fracture
de la serrure de la porte dudit sieur J....;
ledit serrurier s'étant mis en devoir de faire
l'effraction; au premier coup de marteau, le
sieur J.... a crié qu'on cessât de frapper, et
qu'il allait ouvrir, ce qu'il a fait *effective-
ment* (2) : en conséquence, M. le juge de
paix, mes recors et moi sommes entrés au
domicile dudit sieur J..., auquel j'ai fait de
nouveau commandement de *par la loi* (3),
de payer la somme de . . . pour les causes
mentionnées dans mon précédent exploit de
commandement du..., dûment enregistré le
. . . . . ., sans préjudice des frais de ce commandement et de tous autres subséquens; à
quoi ledit sieur J . . . . n'ayant pas déféré,
j'ai procédé ainsi que s'ensuit à la saisie des
meubles et effets trouvés au domicile du sieur
J. . . . :

Article 1.ᵉʳ une crémaillère, etc.

---

(1) Voyez la disposition de l'art. 587, qui dit positivement que l'huissier doit aller auprès, etc.

(2) Suivant l'art. *ibid;* voyez sa disposition.

(3) Mêmes formalités, suivant l'art. 587 pour les
meubles.

Article 2.ᵉ (1) Deux décalitres de vin , etc.

A l'instant le sieur juge de paix m'ayant observé que le sieur J.... n'apportant aucun obstacle à nos opérations , il lui paraissait que la présence du serrurier devenait super-flue , et que lui - même était dans le cas de se retirer ; en conséquence , nous avons in-vité mondit sieur juge de paix , et le sieur J..... à signer cette partie de notre procès-verbal avec le serrurier et *mes recors* (2).

Fait à.... , sur l'heure de... Suivent les si-gnatures.

Et à l'instant, après que M. le juge de paix et le serrurier se sont retirés , nous avons continué notre procès-verbal de saisie, ainsi qu'il suit :

Art. 3.ᵉ Un kilogramme d'argenterie con-sistant en tant de cuillers , tant de four-chettes , *au poinçon de Paris* (3).

Art. 4.ᵉ Une pièce d'or de vingt-quatre francs , un écu de cinq francs , une pièce de quarante sous , une pièce de trente sous , les-quelles pièces je déposerai au bureau de *con-signation* (4) ; après quoi j'ai interpellé le

----

(1) Voyez l'art. 588.
(2) Voyez la disposition de l'art. 587.
(3) Voyez l'art. 589.
(4) Suivant l'art. 590.

sieur J. . . . de me présenter une personne solvable pour l'établir gardien des objets consignés dans mon procès-verbal, à laquelle interpellation déférant , il m'a présenté E..., manouvrier en cette ville ; mais ne le trouvant pas en état de répondre de sa commission , j'ai établi pour gardien desdits objets saisis *Jérôme*, qui a promis de bien remplir ses fonctions, et qui a signé mon procès-verbal. Signé.... (1).

Ensuite j'ai dénoncé au sieur J... la vente des meubles et effets saisis , au..(2), laquelle vente sera faite sur la place du marché , à l'heure de... , après les formalités ordinaires *remplies* (3).

De tout quoi j'ai dressé mon procès-verbal qui a été signé par le sieur J...., et duquel je lui ai donné copie , parlant *à sa personne* (4) : ledit procès-verbal a été pareillement signé sur l'original et la copie laissée audit sieur J... par mes recors et par moi , et la copie de ladite saisie que j'ai laissée a été par *lui signée* (5). Suivent les signatures.

----

(1) Suivant les articles 599 et 596.

(2) On doit laisser huit jours d'intervalle , à la forme de l'art. 613.

(3) Voyez l'art. 617.

(4) Voyez l'art 601.

(5) Voyez l'art. 599.

FORMULE de saisie conformément à l'art. 591 , dans le cas où l'huissier trouve fermées les portes des armoires contenant des papiers.

Nota. L'huissier fait son procès-verbal conformément à celui dont la formule se trouve ci-dessus , et lorsqu'il est entré dans le domicile de la partie saisie , et qu'il est parvenu à la description d'une armoire où sont renfermés des papiers , et lorsque le saisi est absent de son domicile , l'huissier continue son procès-verbal en ces termes :

Ensuite voulant faire la description de ce qui était contenu dans une armoire de noyer , ferrée et fermant à clef, la femme du sieur J... m'a dit qu'elle n'en avait point la clef, et que son mari l'avait emportée en allant pour ses affaires à deux myriamètres de cette ville ; ce qu'ayant entendu, j'ai laissé mes deux recors pour surveiller et garder les meubles et effets par moi saisis, pendant que j'irais requérir M. le juge de paix de se transporter en cette maison pour ordonner l'ouverture des portes de ladite armoire, et faire tout ce qui est requis par les articles 587 et 591 du code judiciaire.

Environ une demi-heure après mon transport chez M. le juge de paix, je me suis rendu avec lui au domicile du sieur J..., où étant, j'ai de nouveau déclaré à M. le juge de paix que voulant procéder à la description des objets contenus dans l'armoire que je lui ai fait voir, et telle qu'elle est décrite ci-dessus dans mon verbal, l'épouse du sieur J... m'avait assuré que cette armoire contenait des papiers, et que son mari avait emporté la clef de ladite armoire ; en conséquence, j'ai requis M. le juge de paix de faire faire l'ouverture de ladite armoire : à quoi déférant, il a fait appeler *Joseph*, serrurier, qui s'est à l'instant rendu à ses ordres, et a fait l'ouverture de ladite armoire avec un crochet ; et s'est ledit *Joseph*, après avoir signé dans cette partie de mon procès-verbal, retiré.

Suit la signature.

Après quoi M. le juge de paix a composé différentes liasses de papiers trouvés dans l'armoire, au nombre de dix, chacune desquelles a été enveloppée d'une feuille de papier blanc, dûment cachetée en cire rouge et ardente, portant l'empreinte du cachet de mondit sieur le juge de paix, pareille et conforme à celle mise ci-contre en marge de mon procès-verbal, et chacune desdites liasses, après avoir été cotées, ont été revêtues de la signature de mondit sieur le juge de paix ; et pour plus grande sureté ,

lesdits papiers ont été remis dans l'armoire
dont la porte à gauche ferme avec une es-
pagnolette ; et attendu qu'on ne peut refer-
mer la porte à droite n'ayant pas la clef de
la serrure, M. le juge de paix a coupé trois
larges bandes de papier revêtues de sa signature et de son paraphe ; il les a appliquées,
l'un des bouts de la bande dans la partie su-
périeure de la porte avec cire rouge ardente, et empreinte de son cachet, et l'autre
sur la corniche ; la seconde, sur la partie
inférieure de ladite porte d'un côté et de
l'autre sur le fond de ladite armoire ; enfin,
la troisième bande a été mise transversalement, en bouchant la serrure, sur les deux
battans des portes de l'armoire, avec les
mêmes empreintes sur la cire.

De tout quoi j'ai dressé le présent procès-
verbal, après avoir interpellé la dame Q...,
épouse du sieur J..., de le signer, ce qu'elle
a refusé de faire ; et mondit sieur juge de
paix l'a signé avec mes recors et moi.

Suivent les signatures.

Après quoi j'ai établi pour gardien, *comme
dessus*, etc.

Après quoi j'ai donné copie de mon procès-
verbal au gardien établi, revêtu de sa signature. J'ai pareillement donné copie de mondit procès-verbal à la femme de J..., et me

suis transporté chez M. le maire de la commune, auquel, parlant à sa personne, j'ai laissé une semblable copie, et il a visé et signé mon original (1).

Fait et clos à...., le.....

592. Ne pourront être saisis, 1.º les objets que la loi déclare immeubles par destination;

2.º Le coucher nécessaire des saisis, ceux de leurs enfans vivans avec eux, les habits dont les saisis sont vêtus et couverts;

3.º Les livres relatifs à la profession des saisis, jusqu'à la somme de trois cents francs, à son choix;

4.º Les machines et instrumens servant à l'enseignement, pratique ou exercice des sciences et arts, jusqu'à concurrence de la même somme, et au choix du saisi.

5.º Les équipemens des militaires, suivant l'ordonnance et le grade;

6.º Les outils des artisans, nécessaires à leurs occupations personnelles;

7.º Les farines et menues denrées nécessaires à la consommation du saisi et de sa famille, pendant un mois;

8.º Enfin, une vache, trois brebis ou deux chèvres, au choix du saisi, avec les

----

(1) Suivant l'art. 601.

pailles , fourrages et grains nécessaires pour la litière et la nourriture desdits animaux pendant un mois.

593. Lesdits objets ne pourront être saisis pour aucunes créances , même celles de l'état, si ce n'est pour alimens fournis à la partie saisie , ou sommes dues aux fabricans ou vendeurs desdits objets , ou à celui qui aura prêté pour les acheter , fabriquer ou réparer , pour fermages et moissons de terres à la culture desquelles ils sont employés , loyers des manufactures , moulins , pressoirs , usines dont ils dépendent, et loyers des lieux servant à l'habitation personnelle du débiteur.

Les objets spécifiés sous le n.º 2 du précédent article , ne pourront être saisis pour aucune créance.

594. En cas de saisie d'animaux et ustensiles servant à l'exploitation des terres , le juge de paix pourra , sur la demande du saisissant , le propriétaire et le saisi entendus ou appelés , établir un gérant à l'exploitation.

595. Le procès-verbal contiendra indication du jour de la vente.

596. Si la partie saisie offre un gardien solvable , et qui se charge volontairement et sur-le-champ , il sera établi par l'huissier.

597. Si le saisi ne présente gardien sol-

vable, il en sera établi un par l'huissier.

598. Ne pourront être établis gardiens, le saisissant, son conjoint, ses parens et alliés jusqu'au degré de cousin issu de germain inclusivement, et ses domestiques; mais le saisi, son conjoint, ses parens, alliés et domestiques pourront être établis gardiens, de leur consentement et de celui du saisissant.

599. Le procès-verbal sera fait sans déplacer; il sera signé par le gardien en l'original et la copie; s'il ne sait signer, il en sera fait mention et il lui sera laissé copie du procès-verbal.

600. Ceux qui par voies de fait, empêcheraient l'établissement du gardien, ou qui enlèveraient et détourneraient des effets saisis, seront poursuivis conformément au code criminel.

601. Si la saisie est faite au domicile de la partie, copie lui sera laissée sur-le-champ du procès-verbal signée des personnes qui auront signé l'original; si la partie est absente, copie sera remise au maire ou adjoint ou au magistrat, qui, en cas de refus de portes, aura fait faire ouverture, et qui visera l'original.

602. Si la saisie est faite hors du domicile en l'absence du saisi, copie lui sera notifiée dans le jour, outre un jour pour

trois myriamètres , sinon les frais de garde et le délai pour la vente ne courront que du jour de la notification.

6o3. Le gardien ne peut se servir des choses saisies , les louer ou prêter , à peine de privation des frais de garde et de dommages-intérêts , au paiement desquels il sera contraignable par corps.

6o4. Si les objets saisis ont produit quelques profits ou revenus , il est tenu d'en compter même par corps.

6o5. Il peut demander sa décharge , si la vente n'a pas été faite au jour indiqué par le procès-verbal , sans qu'elle ait été empêchée par quelque obstacle ; et en cas d'empêchement , la décharge peut être demandée deux mois après la saisie , sauf au saisissant à faire nommer un autre gardien.

6o6. La décharge sera demandée contre le saisissant et le saisi , par une assignation en référé devant le juge du lieu de la saisie ; si elle est accordée , il sera préalablement procédé au récolement des effets saisis , parties appelées.

Formule de Référé.

Nous tel.. , président du Tribunal de première instance de l'arrondissement de... , savoir faisons que.... , cejourd'hui.... , s'est

présenté J.., demeurant à.., établi gardien
des meubles et effets saisis chez le sieur B..,
par exploit de l'huissier.., du.., enregistré
le.., lequel nous a représenté la copie qui
lui a été signifiée et donnée par ledit huissier, lors de son établissement de son gardiennat, en nous observant qu'il y a plus
de deux mois que la saisie a été faite, sans
que le sieur P.., saisissant, ni le sieur B..,
partie saisie, ayent pris entre eux aucuns
arrangemens pour procurer à l'exposant sa
décharge, laquelle il nous prie de prononcer *de plano*, si mieux nous n'aimons préalablement faire paraître par-devant nous,
sur l'avertissement qu'il nous plaira donner,
lesdits sieurs P.. et B.., pour donner leur
consentement à la décharge cette part demandée, ou déduire leurs moyens d'opposition, si aucuns ils ont, et s'est ledit J..,
soussigné.

Sur quoi nous mandons lesdits sieurs P..
et B.., de comparaître par-devant nous cejourd'hui, heure de.., pour répondre à la
demande dudit J.., sur laquelle il sera fait
droit ainsi qu'il appartiendra en présence
ou en l'absence desdites parties mandées.

Fait les jour et an susdits.

Nota. Si la saisie a été faite en exécution d'un
jugement rendu par un juge de paix, on observera

les mêmes formalités que ci-dessus, pour demander et obtenir la décharge du gardiennat.

607. Il sera passé outre, nonobstant toutes réclamations de la part de la partie saisie, sur lesquelles il sera statué en référé.

608. Celui qui se prétendra propriétaire des objets saisis ou de partie d'iceux, pourra s'opposer à la vente par un exploit signifié au gardien et dénoncé au saisissant, ou au saisi, contenant assignation libellée et l'énonciation des preuves de propriété, à peine de nullité ; il y sera statué par le tribunal du lieu de la saisie comme en matière sommaire.

Le réclamant qui succombera, sera condamné, s'il y échet, aux dommages-intérêts du saisissant.

Formule de Revendication pour des Objets saisis.

A la requête du sieur R.., banquier à.., remontre au sieur P.., etc., au sieur B.., etc., au sieur J.., etc., que dans la saisie qui a été faite chez ledit sieur B.., le.., par exploit de.., enregistré le.., il a été compris dans ladite saisie six cuillers et six fourchettes d'argent marquées au poinçon de Paris et portant telle empreinte ; que ces couverts appartiennent au remontrant, ainsi qu'il le justifie par une reconnaissance signée par le sieur B.. et son épouse, le.., quinze jours avant ladite saisie, laquelle est dûment enregistrée le.., de laquelle déclaration il sera donné copie auxdits sieurs P.., B.. et J.. avec la présente, avec invitation de remettre dans les vingt-quatre heures au remontrant les six couverts qu'il revendique comme à lui appartenans, et faute par eux d'obtempérer à ladite revendication, je soussigné.., huissier, etc., cite lesdits sieurs P.., B.. et J.., à comparaître le... (*exprimer le jour, le lieu et l'heure*), par-devant MM. les juges du Tribunal de première instance de l'arrondissement de.., pour entendre statuer sur ladite revendication avec dépens, faisant pour ledit R... toutes réserves et protestations de droit, et ai, en parlant séparément à chacun desdits sieurs.., etc., en leur personne, laissé copie de mon présent exploit et de la reconnaissance y énoncée, dont acte.

Nota. On observe que dans l'espèce de cette revendication, la reconnaissance faite par le sieur B..... au profit du sieur R...., peut être impugnée par la considération que la reconnaissance n'a point de date certaine, attendu qu'elle n'a été enregistrée qu'après la saisie, et qu'il faudrait pour légitimer la revendication un titre à l'abri de toute critique.

609. Les créanciers du saisi, pour quel-

que cause que ce soit, même pour loyers, ne pourront former opposition que sur le prix de la vente : leurs oppositions en contiendront les causes ; elles seront signifiées au saisissant et à l'huissier ou autre officier chargé de la vente, avec élection de domicile dans le lieu où la saisie est faite, si l'opposant n'y est pas domicilié, le tout à peine de nullité des oppositions, et des dommages-intérêts contre l'huissier, s'il y a lieu.

610. Le créancier opposant ne pourra faire aucune poursuite si ce n'est contre la partie saisie et pour obtenir condamnation ; il n'en sera fait aucune contre lui, sauf à discuter les causes de son opposition lors de la distribution des deniers.

611. L'huissier qui, se présentant pour saisir, trouverait une saisie déjà faite et un gardien établi, ne pourra pas saisir de nouveau ; mais il pourra procéder au récolement des meubles et effets sur le procès-verbal que le gardien sera tenu de lui représenter ; il saisira les effets omis et fera sommation au premier saisissant de vendre le tout dans la huitaine ; le procès-verbal de récolement vaudra opposition sur les deniers de la vente.

612. Faute par le saisissant de faire vendre

dans le délai ci-après fixé , tout opposant ayant titre exécutoire , pourra , sommation préalablement faite au saisissant , et sans former aucune demande en subrogation , faire procéder au récolement des effets saisis, sur la copie du procès-verbal de saisie que le gardien sera tenu de représenter, et de suite à la vente.

613. Il y aura au moins huit jours entre la signification de la saisie au débiteur et la vente.

614. Si la vente se fait à un jour autre que celui indiqué par la signification , la partie saisie sera appelée avec un jour d'intervalle , outre un jour pour trois myriamètres environ, en raison de la distance du domicile du saisi et du lieu où les effets sont vendus.

615. Les opposans ne seront point appelés.

616. Le procès-verbal de récolement qui précédera la vente , ne contiendra aucune énonciation des effets saisis , mais seulement de ceux en déficit , s'il y en a.

617. La vente sera faite au plus prochain marché public , aux jour et heure ordinaires des marchés ou un jour de dimanche ; pourra néanmoins le tribunal permettre de vendre les effets en un autre lieu plus avantageux ; dans tous les cas elle sera annoncée un jour

auparavant par quatre placards au moins, affichés, l'un au lieu où sont les effets, l'autre à la porte de la maison commune, le troisième au marché du lieu, et s'il n'y en a pas, au marché voisin, le quatrième à la porte de l'auditoire de la justice de paix; et si la vente se fait dans un lieu autre que le marché ou le lieu où sont les effets, un cinquième placard sera apposé au lieu où se fera la vente; la vente sera en outre annoncée par la voie des journaux dans les villes où il y en a.

618. Les placards indiqueront les lieu, jour et heure de la vente et la nature des objets sans détail particulier.

619. L'opposition sera constatée par exploit auquel sera annexé un exemplaire du placard.

620. S'il s'agit de barques, chaloupes et autres bâtimens de mer, du port de dix tonneaux et au-dessous, bacs, galiotes, bateaux et autres bâtimens de rivière, moulins et autres édifices mobiles assis sur bateau ou autrement, il sera procédé à leur adjudication sur les ports, gares ou quais où ils se trouvent : il sera affiché quatre placards au moins, conformément à l'article précédent, et il sera fait à trois divers jours consécutifs, trois publications au lieu où sont

lesdits objets : la première publication n'en sera faite que huit jours au moins après la signification de la saisie. Dans les villes où il s'imprime des journaux, il sera suppléé à ces trois publications par l'insertion qui sera faite au journal de l'annonce de ladite vente, laquelle annonce sera répétée trois fois dans le cours du mois précédant ladite vente.

621. La vaisselle d'argent, les bagues et joyaux de la valeur de trois cents francs au moins, ne pourront être vendus qu'après placards apposés en la forme ci-dessus, et trois expositions, soit au marché, soit dans l'endroit où sont lesdits effets, sans que néanmoins, dans aucun cas, lesdits objets puissent être vendus au-dessous de leur valeur réelle, s'il s'agit de vaisselle d'argent ; et d'après l'estimation de gens de l'art, s'il s'agit de bagues et joyaux.

Dans les villes où il s'imprime des journaux, les trois publications seront suppléées comme il est dit en l'article précédent.

622. Lorsque la valeur des effets saisis excédera le montant des causes de la saisie et des oppositions, il ne sera procédé qu'à la vente des objets suffisans à fournir somme nécessaire pour le paiement des créances et frais.

623. Le procès-verbal constatera la pré-

sence ou le défaut de comparution de la partie saisie.

624. L'adjudication sera faite au plus offrant en payant comptant ; faute de paiement , l'effet sera revendu sur-le-champ à la folle - enchère de l'adjudicataire.

625. Les commissaires - priseurs et huissiers seront personnellement responsables du prix des adjudications , et feront mention dans leurs procès-verbaux des noms et domiciles des adjudicataires. Ils ne pourront recevoir d'eux aucune somme au-dessus de l'enchère à peine de concussion.

TITRE IX.

De la Saisie des fruits pendans par racines, ou de la Saisie-Brandon.

Brandon ou Panonceau est une marque qu'un créancier fait mettre à un héritage qu'il a saisi , pour faire connaître qu'il est sous la main et autorité de justice.

626. *La saisie-brandon* ne pourra être faite que dans les six semaines qui précéderont l'époque ordinaire de la maturité des fruits ; elle sera précédée d'un commandement avec un jour d'intervalle.

Le commandement prescrit pour cet article pourra être conçu en ces termes :

A la requête de sieur P.... (*exprimer les nom, prénom, qualité et demeure*), qui fait élection de domicile en sa maison de résidence, et qui est celui où doit se faire l'exécution de la saisie-arrêt-brandon dont il va être parlé ; j'ai, huissier (*exprimer les nom, surnom, demeure, immatricule et n.º de la patente*), en vertu de tel acte exécutoire, ou de tel jugement (*énoncer s'il a été précédemment donné copie de l'acte exécutoire ou du jugement ; si cela n'a pas été fait, en donner copie en tête de l'exploit*), fait commandement au sieur P.... (exprimer comme dessus), demeurant à...., distant de mon domicile de.... kilomètres, en parlant à...., de payer présentement entre mes mains ou d'apporter à ma suite au requérant la somme de ...., ensemble les frais montant à ... (au cas qu'il y en ait de liquidés), sans préjudice des frais du présent commandement ; faute de quoi faire je lui ai déclaré qu'il serait, sans retard et à la forme de la loi, procédé à l'arrêt-brandon des fruits des héritages qui lui appartiennent dans la commune de..., pour sureté et avoir paiement de toutes les sommes réclamées par le requérant, pour lequel j'ai fait expressément toutes réserves de droit, et ai laissé audit sieur ..., parlant comme dessus, copie tant des pièces ci-dessus énoncées que de mon présent exploit.

627. Le procès-verbal de saisie contiendra l'indication de chaque pièce, sa contenance et sa situation, et deux au moins de ses tenans et aboutissans, et la nature des fruits.

Procès-verbal de Saisie.

L'an..., mois de..., à la requête du sieur D.... (*exprimer les nom, prénom, qualité et demeure*), qui fait élection de domicile en sa maison de résidence, et où doit se faire l'exécution de la saisie ci-après ; j'ai, huissier (*exprimer les nom, surnom, domicile, etc.*), assisté de tels et tels recors, demeurant à...., exprès amenés avec moi pour l'objet dont il va être parlé dans mon présent exploit, je me suis exprès transporté au domicile du sieur P.... (*exprimer, etc.*), résidant à..., commune distante de mon domicile de... kilomètres, où étant, et en exécution de tel acte dont il a été donné copie audit sieur P.... par mon exploit de......; et en continuant icelui, j'ai fait de nouveau commandement audit sieur P..... de payer présentement entre mes mains la somme de...... réclamée par le requérant, ensemble celle des dépens liquidés par..,, et s'élevant à la somme de..., sans préjudice des frais ultérieurs faits et à faire ; et faute par lui de déférer à l'instant à mon interpellation , je lui ai déclaré que j'allais de suite procéder en présence de mes témoins , à la saisie et arrêt-brandon des fruits de tels et tels corps d'héritages situés en ladite commune de ... ; lequel sieur P... m'a déclaré... (ou a fait refus de me répondre) ; en conséquence , toujours accompagné comme dessus , je me suis transporté à... , où j'ai saisi tels.... , situés à... , de la contenance d'environ quinze hectares de blé-seigle , ayant pour confins de nord tel héritage , de midi tel autre , etc. ; plus , un autre héritage de telle contenance , etc. ; et j'ai établi pour gardien la personne du garde - champêtre de ladite commune (à moins qu'il ne soit compris dans l'exclusion portée par l'art. 598) , ci-présent , et j'ai laissé audit garde-champêtre copie de mon présent exploit, lequel a signé sur mon original avec mes recors : ensuite je suis retourné , toujours accompagné comme ci-dessus , au domicile dudit P..... , auquel parlant à... , j'ai laissé copie de mon présent procès-verbal de saisie pour qu'il n'en ignore ; et ont mesdits recors signé avec moi.

Après quoi , et pour me conformer à la disposition de l'art. 628 du code judiciaire , je me suis transporté au domicile de M.... , maire de la commune où sont situés les fruits des héritages saisis ; je lui ai laissé copie de mondit exploit de saisie , signé de mes recors , avec invitation de viser l'original de mondit exploit ; ce qu'il a fait à l'instant.

Suivent les signatures.

Vu par nous maire de la commune de... , en exécution de l'article 628 du code judiciaire.

628. Le garde-champêtre sera établi gardien , à moins qu'il ne soit compris dans l'exclusion portée par l'article 598 ; s'il n'est présent , la saisie lui sera signifiée : il sera aussi laissé copie au maire de la commune de la situation, et l'original sera visé par lui.

Si les communes sur lesquelles les biens sont situés, sont contiguës ou voisines , il sera établi un seul gardien, autre néanmoins qu'un garde-champêtre : le visa sera donné par le maire de la commune du chef-lieu de l'exploitation ; et s'il n'y en a pas , par le maire de la commune où est située la majeure partie des biens.

629. La vente sera annoncée par placards affichés , huitaine au moins avant la vente , à la porte du saisi , à celle de la maison commune , et s'il n'y en a pas , au lieu ou s'apposent les actes de l'autorité publique ; au principal marché du lieu , et s'il n'y en a

pas, au marché le plus voisin, et à la porte de l'auditoire de la justice de paix.

63o. Les placards désigneront les jour, heure et lieu de la vente, les noms et demeures du saisi et du saisissant ; la quantité d'hectares et la nature de chaque espèce de fruit ; la commune où ils sont situés, sans autre désignation.

631. L'apposition des placards sera constatée ainsi qu'il est dit au titre *des Saisies-exécutions*.

632. La vente sera faite un jour de Dimanche ou de marché.

633. Elle pourra être faite sur les lieux, ou sur la place de la commune où est située la majeure partie des objets saisis.

La vente pourra aussi être faite sur le marché du lieu, et s'il n'y en a pas, sur le marché le plus voisin.

634. Seront au surplus observées les formalités prescrites au titre *des Saisies-exécutions*.

635. Il sera procédé à la distribution du prix de la vente, ainsi qu'il sera dit au titre *de la Distribution par Contribution*.

TITRE X.

De la Saisie des Rentes constituées sur Particuliers.

736. La saisie d'une rente constituée ne peut avoir lieu qu'en vertu d'un titre authentique et exécutoire.

Elle sera précédée d'un commandement fait à la personne ou au domicile de la partie obligée ou condamnée, au moins un jour avant la saisie, et contenant notification du titre, si elle n'a déjà été faite.

637. La rente sera saisie entre les mains de celui qui la doit, par exploit contenant, outre les formalités ordinaires, l'énonciation du titre constitutif de la rente, de sa quotité et de son capital, et du titre de la créance du saisissant ; les nom, profession et demeure de la partie, élection de domicile chez un avoué près le tribunal devant lequel la vente sera poursuivie, et assignation au tiers saisi en déclaration devant le même tribunal, le tout à peine de nullité.

638. Les dispositions contenues aux art. 570, 571, 572, 573, 574, 575 et 576, relatives aux formalités que doit remplir le tiers saisi, sont observées par le débiteur de la rente.

Et si ce débiteur ne fait pas sa déclara-tion, ou s'il la fait tardivement, ou s'il ne fait pas les justifications ordonnées, il pourra, selon les cas, être condamné à servir la rente, faute d'avoir justifié de sa libération, ou à des dommages-intérêts résultans, soit de son silence, soit du retard apporté à faire sa déclaration, soit de la procédure à laquelle il aura donné lieu.

639. La saisie entre les mains de personne non demeurant en France sur le continent, sera signifiée à personne ou domicile, et se-ront observés pour la citation les délais pres-crits par l'art. 73.

640. L'exploit de saisie vaudra toujours saisie-arrêt des arrérages échus et à échoir jusqu'à la distribution.

641. Dans les trois jours de la saisie, ou-tre un jour de distance pour trois myriamè-tres entre le domicile du débiteur de la rente et celui du saisissant, et pareil délai en raison de la distance entre le domicile de ce der-nier et celui de la partie saisie, le saisissant sera tenu, à peine de nullité de la saisie, de le dénoncer à la partie saisie, de lui notifier le jour de la première notification.

642. Lorsque le débiteur de la recette sera domicilié hors du continent de l'em-pire, le délai pour la dénonciation ne courra

que du jour de l'échéance de la citation
au saisi.

643. Quinzaine après la dénonciation à
la partie saisie, le saisissant sera tenu de
mettre au greffe du tribunal du domicile
de la partie saisie, le cahier des charges,
contenant les noms, professions et demeures
du saisissant, de la partie saisie et du débiteur de la rente, la nature de la rente,
sa quotité, celle du capital, la date et l'é-
nonciation du titre en vertu duquel elle est
constituée, l'énonciation de l'inscription
si le titre contient hypothèque, et si aucune
a été prise pour la sureté de la rente, les
nom et demeure de l'avoué du poursuivant,
les conditions de l'adjudication et la mise
à prix ; la première publication se fera à
l'audience.

644. Extrait du cahier des charges, contenant les renseignemens ci-dessus, sera remis au greffier, huitaine avant la remise du
cahier des charges au greffe, et par lui
inséré dans un tableau placé à cet effet dans
l'auditoire du tribunal devant lequel se poursuit la vente.

645. Pareil extrait sera inséré dans l'un
des journaux imprimés dans la ville où se
poursuit la vente, et s'il n'y en a pas,

dans l'un de ceux imprimés dans le département, s'il y en a.

647. Sera observé, relativement auxdits
placards et annonces, ce qui est prescrit
au titre *des Saisies Immobilières.*

648. La seconde publication se fera huitaine après la première, et la rente saisie
pourra, lors de ladite publication, être adjugée, sauf le délai qui sera prescrit par
le tribunal.

649. Il sera fait une troisième publication
lors de laquelle l'adjudication définitive sera
faite au plus offrant et dernier enchérisseur.

650. Il sera affiché de nouveaux placards
et inséré de nouvelles annonces dans les
journaux, trois jours avant l'adjudication
définitive.

651. Les enchères seront reçues par le
ministère d'avoués.

652. Les formalités prescrites au titre
des Saisies Immobilières pour la rédaction
du jugement d'adjudication, l'acquit des
conditions et du prix, et la revente sur
folle-enchère, seront observées lors de l'adjudication des rentes.

653. Si la rente a été saisie par deux créanciers, la poursuite appartiendra à celui qui
le premier aura dénoncé; en cas de concurrence au porteur du titre le plus ancien,

et si les titres sont de même date , à l'avoué plus ancien.

654. La partie saisie sera tenue de proposer ses moyens de nullité , si aucuns elle a , avant l'adjudication préparatoire , après laquelle elle ne pourra proposer que les moyens de nullité contre les procédures postérieures.

655. La distribution du prix sera faite ainsi qu'il sera prescrit au titre *de la Distribution par Contribution* , sans préjudice néanmoins des hypothèques établies antérieurement à la loi du 11 brumaire an 7.

TITRE XI.

De la Distribution par Contribution.

La Contribution est la distribution qui se fait d'une somme mobilière entre plusieurs créanciers saisissans ou opposans , lorsque tous les biens du débiteur ne suffisent pas pour payer ; en ce cas, le premier saisissant ni aucun autre créancier n'est préféré ni payé en entier : on donne à chacun une portion des deniers à proportion de sa créance ; par exemple , à celui auquel il est dû 20 fr., on donne 20 sols, et ainsi des autres. Cette portion est plus ou moins forte , selon le nombre des créanciers , le montant de leur créance et la somme qui est à contribuer.

656. Si les deniers arrêtés ou si le prix des ventes ne suffisent pas pour payer les créanciers , le saisi et les créanciers seront

tenus, dans le mois, de convenir de la distribution par contribution.

657. Faute par le saisi et les créanciers de s'accorder dans ledit délai, l'officier qui aura fait la vente, sera tenu de consigner dans la huitaine suivante et à la charge de toutes les oppositions, le montant de la vente, déduction faite de ses frais, d'après la taxe qui en aura été faite par le juge sur la minute du procès-verbal ; il sera fait mention de cette taxe dans les expéditions.

658. Il sera tenu au greffe un registre des contributions, sur lequel un juge sera commis par le président, sur la réquisition du saisissant ou à son défaut, de la partie la plus diligente : cette réquisition sera faite par simple note portée sur le registre.

659. Après l'expiration des délais portés aux articles 656 et 657, et en vertu de l'ordonnance du juge commis, les créanciers seront sommés de produire, et la partie saisie de prendre communication des pièces produites et de contredire, s'il y échet.

660. Dans le mois de la sommation, les créanciers opposans soit entre les mains du saisissant, soit en celles de l'officier qui aura procédé à la vente, produiront, à peine de forclusion, leurs titres ès mains

du juge-commis , avec acte contenant demande en collocation et constitution d'avoué.

661. Le même acte contiendra la demande à fin de privilège ; néanmoins le propriétaire pourra appeler la partie saisie et l'avoué plus ancien en référé devant le juge-commissaire pour statuer préliminairement sur son privilège , pour raison de loyers à lui dûs.

662. Les frais de poursuite seront prélevés par privilège avant toute créance , autre que celle pour loyers dûs au propriétaire.

663. Le délai ci-dessus expiré et même auparavant , si les créanciers ont produit , le commissaire dressera ensuite de son procès-verbal l'état de distribution sur les pièces produites ; le poursuivant dénoncera par acte d'avoué , la clôture du procès-verbal aux créanciers produisans et à la partie saisie , avec sommation d'en prendre communication et de contredire sur le procès-verbal du commissaire , dans la quinzaine.

664. Faute par les créanciers et la partie saisie de prendre communication ès mains du juge-commissaire dans ledit délai , ils demeureront forclos sans nouvelle sommation ni jugement ; il ne sera fait aucun dire , s'il n'y a lieu à contester.

665. S'il n'y a point de contestation , le

juge-commissaire clorra son procès-verbal, arrêtera la distribution des deniers et ordonnera que le greffier délivrera mandement aux créanciers en affirmant par eux la sincérité de leurs créances.

666. S'il s'élève des difficultés, le juge-commissaire renverra à l'audience ; elle sera poursuivie par la partie la plus diligente sur un simple acte d'avoué à avoué, sans autre procédure.

667. Le créancier contestant, celui contesté, la partie saisie et l'avoué plus ancien des opposans, seront seuls en cause ; le poursuivant ne pourra être appelé en cette qualité.

668. Le jugement sera rendu sur le rapport du juge-commissaire, et les conclusions du ministère public.

669. L'appel de ce jugement sera interjeté dans les dix jours de la signification à avoué ; l'acte d'appel sera signifié au domicile de l'avoué : il contiendra citation et énonciation des griefs ; il y sera statué comme en matière sommaire.

Ne pourront être intimées sur ledit appel, que les parties indiquées par l'article 667.

670. Après l'expiration du délai fixé pour l'appel, et en cas d'appel, après la signification de l'arrêt au domicile de l'avoué,

le juge-commissaire clorra son procès-verbal , ainsi qu'il est prescrit par l'article 665.

671. Huitaine après la clôture du procès-verbal , le greffier délivrera les mandemens aux créanciers , en affirmant par eux la sincérité de leur créance par-devant lui.

672. Les intérêts des sommes admises en distribution , cesseront du jour de la clôture du procès-verbal de distribution , s'il ne s'élève pas de contestation ; en cas de contestation , du jour de la signification du jugement qui aura statué ; en cas d'appel , quinzaine après la signification du jugement sur appel.

FIN du premier Volume.